战略:
战略管理方法论与实践 2.0

董 博 著

中国商业出版社

图书在版编目（CIP）数据

战略：战略管理方法论与实践 2.0／董博著．－－北京：中国商业出版社，2021.8
ISBN 978-7-5208-1671-7

Ⅰ.①战… Ⅱ.①董… Ⅲ.①企业管理-战略管理-研究-中国 Ⅳ.①F279.23

中国版本图书馆 CIP 数据核字（2021）第 127282 号

责任编辑：滕　耘

中国商业出版社出版发行
010-63180647　www.c-cbook.com
（100053　北京广安门内报国寺 1 号）
新 华 书 店 经 销
北京中献拓方科技发展有限公司印刷

* * *

710 毫米×1000 毫米　16 开　11.25 印张　208 千字
2021 年 8 月第 1 版　2021 年 8 月第 1 次印刷
定价：46.00 元

* * * *

（如有印装质量问题可更换）

序

国际形势错综复杂，我国的改革开放也进入了攻坚期和深水区，国内外不确定性因素的多重交织给中国经济带来巨大挑战。

我们正身处一个快速变革的时代，全球企业正在进行深刻的商业理念升级。一方面，传统产业发展瓶颈倒逼企业升级需求；另一方面，数字技术推动企业更好地实现商业价值。未来世界生存法则的核心商业理念正发生着改变：价格的竞争空间是有限的，价值的创造空间却是无限的！

我们正身处一个多重商业因素交织影响的生态价值系统时代，以数字化、移动化和智能化为核心的技术浪潮推动着全球跨界产业链整合和商业价值体系重构，新应用、新模式扑面而来，对传统产业影响深远。

在过去的40年间，对于战略的思考与方法论层出不穷，一时间"战略"这个关键词成了"香饽饽"。人们对于战略的膜拜达到了最高峰。无数的战略咨询公司和战略专家、学者不断推出新的理论来证明战略存在的价值。

那些成长于过去30多年中国经济红利期、现在仍依赖于固有竞争手段和经验模式的企业，已然面临困境，规模越大、传统优势越明显的企业，受到的冲击越大。企业的决策者们必须扔掉以往经营管理的那张"老旧的航海图"，积极寻找"战略的新大陆"，以新时代的战略理念和商业模式拥抱全新的商业机遇。

笔者写这本书的初衷，并非要证明本书提及的战略规划与落地模型有多高明，而是因为本书所提及的理论和方法是被企业成功实践后的产物，这些企业的成功实践已然证明了它的有效性和重要性。

本书是笔者根据多年在战略实践过程中的一些感悟，结合在咨询实践中企业家经常在战略执行中所面临的一些困惑而形成，主要可以归集为以下三个方面的问题：

一、如何通过提升战略思维能力，来拓宽企业家的格局；

二、如何系统性地解决战略规划与落地存在脱节的现象；

三、如何促使战略制定参与者达成企业战略目标的共识。

针对上述问题，本书从战略革新的道、法、术三个层面展开。所谓战略革新之道在于"拓格局"。格局就是基于已知的范式下做出的最优解。一个人的格局大不大完全取决于已有的认知边界。所以拓格局的本质在于拓宽已有的认知边界，这句话包括两层含义。一是对已有认知边界的界定，二是提升战略思维能力。人们对于事物的认知都是基于时代背景下的。本书的第一章基于VUCA时代背景下，对涌现的新型战略思想与经典战略思想进行底层逻辑展开，通过近百年战略发展历程和战略管理过程与体系，阐述目前业界对于战略管理已有认知边界。本书的第二章通过中西方战略思维史上两本经典著作《孙子兵法》和《战争论》揭示战略思维历史演进，之后导入系统思维、博弈思维、创新思维和辩证思维四种战略思维，并结合四种战略思维对企业战略的现实意义，进一步指明了提升战略思维能力的方法与路径。

所谓战略革新之法在于"谋变革"。变革就是改变事物现有的状态。这里有两个问题，一是为什么要改变？二是如何改变？先说为什么要改变，一个完美的战略规划如果不能落地执行，永远都是纸上谈兵。所以如何做到战略的"知行合一"至关重要。再来说如何改变，本书的第三章至第七章讲述了如何通过战略规划与落地OAPS模型，从战略起点、战略分析、战略定位到战略执行模块出发，进而系统性地解决企业战略规划变革选择与实施路径。

所谓战略革新之术在于"促统一"。统一就是使原本分散的合为一体。这里也有两个问题，一是为什么要统一？二是如何统一？先说为什么要统一，企业的资源都是有限的，如果不能做到统一的力出一孔，就无法形成战略上的聚焦，从而导致企业经营上的失败。再来说如何统一，笔者认为战略的统一，来自6个方面的统一，包括共同规划、语言、目标、承诺、结果、价值观。本书的第八章重点介绍了如何通过战略实战工作坊的形式，达成企业战略上的统一。其中使用了行动学习的方法论，与战略规划与落地OAPS模型结合，促使企业的战略参与者在思想与行为上达成一致，并围绕其战略目标的实现而努力奋斗。

正如管理大师明茨伯格对管理的定义一样，管理是科学、技艺、艺术的有机集合。管理不在于"知"，而在于"行"。所以本书定位为战略工具书+案例书。为了更好地体现其定位，书中在沿着战略规划与落地OAPS模型主线逻辑的前提下，使用了大量结构化的战略工具，并对战略规划与决策中可能面临的主要问题一一做出解答。同时，为了便于读者更好地使用战略规划与落地 OAPS 模型，本书的第二篇中，笔者结合过往咨询实践过程中的真实案例，试图从企业战略实践视角，对此前提到的工具与方法论做出验证与说明。

受书籍的篇幅和笔者学识与资历的不足，本书无法将战略管理过程中的所有问题和工具穷尽，仅在有限的篇幅内管中窥豹。书中部分观点难免有失偏颇，恳请广大读者朋友不吝批评指正。

目 录

第一篇 战略革新的道、法、术

第一章 VUCA 时代背景下的战略管理 …… 003
 一、VUCA 时代下战略管理趋势洞察 …… 003
 二、VUCA 时代背景下战略管理理论过时了吗？ …… 006

第二章 战略思维能力 …… 010
 一、战略思维的历史演进 …… 010
 二、战略思维模式及对其企业战略的现实意义 …… 014
 三、战略辩证思维 …… 019

第三章 战略规划与落地（OAPS）模型 …… 023
 一、战略规划与落地（OAPS）模型的四大模块与三大关键点 …… 023
 二、战略规划与落地（OAPS）模型的创新点 …… 026

第四章 战略起点与限制条件 …… 028
 一、战略起点创造竞争优势 …… 028
 二、不断突破原有的限制条件 …… 031

第五章 战略分析与战略机会点 …… 033
 一、战略分析的"五看" …… 033
 二、不在非战略机会点上消耗战略资源 …… 046

第六章 战略定位与战略地图 …… 051
 一、战略定位的"三定"与战略控制点 …… 051

二、战略地图，打通战略到执行的闭环 …………………………………… 060

第七章　战略执行 …………………………………………………………… 068
　　一、"六步三招"打造年度经营计划 …………………………………… 068
　　二、战略性预算管理 …………………………………………………… 084
　　三、组织绩效管理 ……………………………………………………… 089

第八章　战略实战工作坊 …………………………………………………… 096
　　一、战略实战工作坊方法论 …………………………………………… 096
　　二、案例阅读：JQ 国际战略实战工作坊 ……………………………… 101

第二篇　战略革新的案例应用

案例一　农牧 AL 公司基于战略转型的"二次创业" ……………………… 107
　　一、AL 公司战略执行能力成熟度评价总体结果 ……………………… 107
　　二、AL 公司战略起点 ………………………………………………… 108
　　三、AL 公司战略分析 ………………………………………………… 110
　　四、AL 公司战略定位 ………………………………………………… 123

案例二　包装印刷 DF 集团的"双轮驱动战略转型" …………………… 128
　　一、DF 集团寻求新战略的原因 ………………………………………… 128
　　二、DF 集团管理现状诊断 …………………………………………… 129
　　三、DF 集团战略分析 ………………………………………………… 130
　　四、DF 集团战略定位 ………………………………………………… 132

案例三　轨道交通装备 ZZ 公司战略转型 ………………………………… 136
　　一、ZZ 公司战略分析 ………………………………………………… 136
　　二、ZZ 公司战略定位 ………………………………………………… 139

附件　战略执行能力成熟度评价表 ………………………………………… 146

第一篇

战略革新的道、法、术

战略革新之道在于"拓格局"。战略就是看得远,格局就是站得高,站得高加上看得远才能把握全局。运筹帷幄,每一步都清晰可控,目标自然顺利实现。格局大的人都是理想主义者,都是梦想家,有使命感。心中常怀梦想,会提升思考的深度和广度,考虑问题不拘小节,思维不受束缚,自然能想到好的方法。

战略革新之法在于"谋变革"。对于当下的企业来说,最棘手的战略挑战并不是如何在竞争中保持原有的核心优势,耕种好自己的一亩三分地,而是如何让企业准确把握未来趋势,进入发展空间更大或成长速度更快的领域。通过业务创新或商业模式变革,研判可能的成长业务和种子业务,明确未来的业务组合。同时,对互联网生态下的价值空间进行多维度创新式拓展,探索企业未来发展的各种从0到1的商业可能性。

战略革新之术在于"促统一"。战略落地的价值,不仅仅是战略落地计划本身的科学性,更大的价值是通过战略落地的整个过程,让大家用同一种语言和方法,去总结自身的不足、洞察外部的机会,研讨公司及部门的目标、经营策略与重点工作,通过研讨统一企业发展方向、目标与工作重点,从而做到方向一致、目标一致、利出一孔。

第一章　VUCA 时代背景下的战略管理

导读　"上兵伐谋"出自《孙子兵法·谋攻篇》,"谋"即战略。面对严峻复杂的国际疫情和世界经济形势,企业经营两极分化趋势越发明显。即便是在经营非常困难的条件下,依然有很多企业经营得非常好,其中的代表企业之一就是中国建材集团。中国建材集团原董事长宋志平认为:"战略赢是大赢,战略输是大输。一个企业在战术上常会有失误,战术上出现失误不至于致命;而战略上的失误则是致命伤,往往没有补救的机会。"

一、VUCA 时代下战略管理趋势洞察

当以全球化、大数据、移动互联等新趋势和技术为标准的"VUCA"(易变性、不确定性、复杂性、模糊性)时代成为所有企业面临的新常态,模糊决策、应对复杂、迭代进化和速度制胜成了 VUCA 时代战略发展的必然需求。在此期间,涌现出很多新的战略思想,如敏捷战略、简明战略、多元战略、数字化战略等,这些新的战略思想具有很强的时代特征和代表性,对未来战略思想发展起到了极为深远的影响。

(一)敏捷战略

一个成功的商业战略需要在相互依赖的价值链中做出选择。企业要实现其商业战略的所有利益,就必须使用敏捷的方式来发展并维护其商业战略。**成功的敏捷型商业战略应具有敏捷精神、相互补充的价值链、方针的持续性这三个必要特征。**

构筑敏捷战略依次有四个不同的阶段。

(1)价值启蒙阶段:通过感知到的价值或愿望实现独特的价值创造。这里所谓的独特价值可以定义为客户对产品、服务、技术或商业的价值感知或期望。价

值通常由根本性创新创造出来,并通过价值增强得到维持。

(2)价值实现阶段:通过增加(客户)感知的价值来建立品牌资产。

(3)价值保持阶段:通过迭代和适合的价值链来扩大价值。价值保持的一个关键点是利用来自内部和外部的客户反馈以不断察觉和适应较小的变化增量。价值保持阶段描绘了传统的执行方式与敏捷执行方式的不同。在传统的执行阶段,价值是堆叠在一起的并且只有在最终才交付;相反,敏捷的执行能创造一整条价值链。

(4)价值转化阶段:通过价值再造来实现转型。企业要在竞争中胜出,只有保持其与众不同之处。企业必须持续不断地通过渐进式的创新来改变自身业务来为客户提供更大的价值,这个就是通过对现有技术的稍微调整来创造"下个迭代"产品的产物。

(二)简明战略

简明战略的最高境界,就是将企业战略集中在核心竞争力的差异上,不关乎使命,不关乎愿景,是企业战略中的灵魂和精髓,可以成为一家企业的独特标签。构筑简明战略有六个步骤,依次是:

(1)设定战略目标。
(2)再确认、再定义限制条件。
(3)熟悉经营环境,培养本企业独特的洞察力。
(4)提取并构造课题。
(5)创造、选择战略的方向性。
(6)总结战略。

(三)多元战略

多元战略为企业提供了五种不同的战略方法,帮助企业领导者与各自的商业环境相匹配,并有效地执行。同时,企业领导者还可以将战略方法进行组合,并且赋予不同的战略拼色以新的活力,进而成为一个战略"绘图师"。

1. 经典型(Classical)战略(要大)

在可预见性高但可塑性低的市场环境下,企业最适宜采用经典型战略。五力模型、蓝海战略、BCG矩阵都属于经典型战略。包括石油行业在内的很多成熟产业都在有效地使用经典型战略。此类战略一旦制定,一般会存续数年不变。

2. 适应型（Adaptive）战略（要快）

在可预见性和可塑性都较低的环境下，企业最好采用适应型战略。在这样的环境下，一份精心制定的经典型战略可能数月，甚至数周内就可能会过时。因此企业要采用一种更加灵活的方式，企业制订的战略规划不再是一份精心描绘的蓝图，而是基于数据做出一个大概的假设。同时这种适应型战略规划必须与运营息息相关或者融入运营中去，从而更有效地捕捉市场变化的信号，将信息损失和传递时滞降到最低。

3. 塑造型（Shaping）战略（要做指挥家）

在可预见性低但可塑性高的环境下，塑造型战略将发挥作用。适用塑造型战略的行业一般为新生行业，企业可以通过建立平台或生态系统获得统治性的地位。

4. 愿景型（Visionary）战略（要超前）

在可预见性和可塑性都比较高的行业，愿景型战略将大放异彩。这种战略的制定者要有高瞻远瞩的洞见，要能发现他人忽略的商机或新的技术，带领企业开创全新的市场。相比其他类型的战略，愿景型战略与经典型战略的共性要更多一些。因为它的目标清晰，战略制定者们有意识地采取一些步骤去实现这一目标，不用去考虑其他选择。苹果公司的创始人乔布斯是愿景型战略大师。

5. 重塑型（Renewal）战略（要颠覆自我）

最后一种战略比较特殊，是给陷入困境的企业准备的。如果企业遇到困难，则应采用一些非常时期的战略和手段，因为其首要目标是争取生存下来，重塑企业未来的竞争基础。因此，此时只有采用重塑型战略走出困境，才能有机会发展其他四种类型的战略。

（四）数字化战略

数字化战略是指筹划和指导数字化转型的方略，在高层次上面向未来，在方向性、全局性的重大决策问题上选择做什么、不做什么。**数字化转型是企业长期的战略，是企业总体战略的重要组成部分。**

数字化转型战略内容包括：

(1) 数字化转型愿景和使命。

(2) 数字化转型定位目标。

(3) 新商业模式、新业务模式和新管理模式。

(4) 数字化转型战略举措。

二、VUCA 时代背景下战略管理理论过时了吗?

在"灰犀牛"与"黑天鹅"事件并存与频发的今天,一些企业高管与学者往往认为如今商业环境变化太快,传统战略管理理论已不再适用。但笔者认为,商业环境的变化固然对传统战略管理理论有一定的挑战,但这种"不确定性"并不是只在今天才出现的情况。**经典的战略管理理论并没有随着环境的变化而发生本质的变化,只是战略思考的维度与要素会较过往更加多元化。**同时,战略管理理论也在与时俱进,所以更需要我们主动拥抱变革。

(一) 战略管理的定义及百年战略简史

广义的战略管理是指运用战略来管理整个企业,战略管理鼻祖伊戈尔·安索夫在《从战略规划到战略管理》一书中提出了"企业战略管理"。他认为:"企业战略管理是指把日常经营决策与长期计划决策结合起来,形成一系列经营管理业务。"

狭义的战略管理是指对企业战略的制定、实施、控制和修改进行管理,知名学者斯坦纳在《企业政策与战略》一书中,也提出了"企业战略管理"。他认为:"企业战略管理是一个动态的过程,根据企业外部环境和内部经营要素确定企业目标,以保证目标的正确实现,并使企业使命最终得以实现。"

进入20世纪以后,随着工业化的发展,战略管理理论研究也进入了百家争鸣的阶段。在此可以沿着按时间维度,大致了解一下百年战略简史。

1. 近代管理学的三个源头时期(20世纪10年代至30年代)

这个时期仍处于计划的阶段,还没有产生战略的概念。这一时期的主要代表人物及其代表作包括:泰勒及其代表作《科学管理原理》,梅奥及其代表作《工业文明中人的问题》,法约尔及其代表作《工业管理与一般管理》。

2. 近代经营管理的创始时期(20世纪30年代至60年代)

这是战略理论发展的萌芽时期。这一时期的主要代表人物及其代表作包括:德鲁克及其代表作《管理的实践》《卓有成效的管理者》,安索夫及其代表作《公司战略》《战略管理》,钱德勒及其代表作《战略与结构:美国工业企业史的若干篇章》。

3. 定位学派的大发展时期（20世纪60年代至80年代）

这是战略理论的大发展时期。这一时期的主要代表人物及其代表作包括：迈克尔·波特及其代表作竞争战略三部曲《竞争战略》、《竞争优势》及《国家竞争优势》。

4. 能力学派的群雄割据时期（20世纪80年代至90年代）

在这一时期，战略理论得到了进一步发展和延伸，从外部深化到内部能力的建设。这一时期的主要代表人物及其代表作包括：彼得斯及其代表作《追求卓越》，普拉哈拉德和哈默尔及其代表作《为未来而竞争》。

5. 定位学派和能力论的统合与匹配时期（20世纪90年代至21世纪初）

在这一时期，内外部理论完成了融合。这一时期的主要代表人物及其代表作包括：明茨伯格及其代表作《管理工作的本质》和《战略历程》，罗伯特·卡普兰与戴维·诺顿撰写的大名鼎鼎的"战略地图"与"平衡计分卡"系列图书，勒妮·莫博涅和金伟灿及其代表作《蓝海战略》。

6. 适应性战略时期（21世纪初至今）

随着战略环境变化变得频繁，企业管理人员很难通过制定一个战略规划，就可以管三五年。企业越来越重视试错型创新，通过试错，寻找出一个更有利的战略方向。这一时期的主要代表人物及其代表作包括：埃里克莱斯及其代表作《精益创业》，马丁·里维斯及其代表作《战略的本质：复杂商业环境中的最优竞争战略》。

（二）战略管理过程与体系

纵观战略管理理论研究的百年历程，不难发现，战略管理理论逐渐从萌芽走向成熟，并不断融入新的元素。但其背后的战略管理框架和逻辑，即战略管理过程与体系却是亘古不变的（见图1-1）。

1. 战略管理过程

战略管理过程包括：战略制定（SP）、战略落地（BP）、战略执行评价与调整（OP）。

（1）战略制定（SP）：战略制定源于战略理论的十大学派之一的"设计学派"，通过分析企业外部环境机会与企业组织能力和资源的匹配过程，制定可供选择的战略，以及选择特定的实施战略。

（2）战略落地（BP）：企业战略管理者在战略落地（BP）阶段的主要目标是将战略规划完整并准确地转化为实际的战略落地方案。为此，企业战略管理者需要分解战略目标，构建战略落地（BP）的计划体系，制定相应的职能战略，提供必要的管理支持，包括组织、机制、人才和文化支持等。

（3）战略执行评价与调整（OP）：通过重新审视内外部因素对战略执行业绩的重大影响要素，以保证预期战略目标与实际执行效果差距在可控范围内，并采取有效的措施，纠正重大偏差。若上述过程中的微观调整不能达到预期效果，对企业战略管理者而言，将可能终止战略落地（BP），并且重新启动新一轮的战略制定过程。

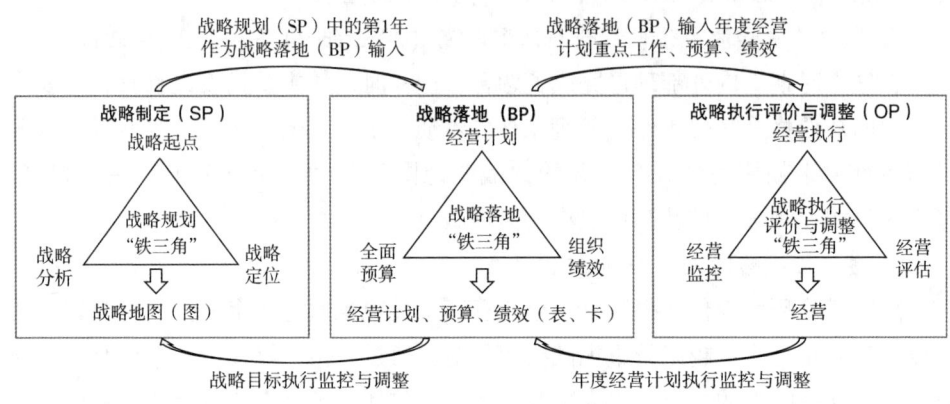

图 1-1　战略管理过程与体系

2. 战略管理体系

战略管理体系包括中长期发展规划、年度经营计划、战略执行评价与调整。

（1）中长期发展规划：中长期发展规划主要关注 3~5 年的发展方向、新兴产业的进入及投资布局。中长期发展规划强调 3~5 年的总体战略，包括长期商业目标、关键里程碑、产业进入或退出等，通常在每年春季（4—8月）进行。重点对市场环境、竞争格局、客户需求趋势等进行分析，进行基于战略目标和方向的商业模式设计，确定总体战略目标以及未来 3~5 年战略路标图、各个功能部门的战略重点、投资策略、资源需求与配置等。最终通过战略地图实现企业关键关系的可视化，并以图形化分析产生预期与产出结果的因果关系，有效地表达企业的战略要素及其之间的因果关系。战略地图明确了企业战略实现的关键路径，从而帮助企业有效地进行资源调配，战略地图也为战略制定和战略执行之间的鸿沟搭起了一座桥梁。

（2）年度经营计划：年度经营计划重点在于中长期发展规划的里程碑落实、

年度业务目标及策略、人力及费用预算、产品组合及项目规划。年度经营计划主要明确下年度的商业目标及实施策略，包括路标规划、营销计划、公司预算等，通常在每年秋季（9—12月）进行。年度经营计划应用平衡计分卡方法论，通过对战略地图的有效分解，分别形成业务运营战略和职能支撑战略。它以战略性预算管理和组织绩效为抓手，落实中长期发展规划确定的一年里程碑目标，对于市场细分等则主要继承中长期发展规划的结果，视情况进行有限的刷新。

（3）战略执行评价与调整：与一般的管理控制评价不同的是，战略执行与评估不仅需要评估企业经营计划的执行情况，还需要随时对企业的内部和外部环境的变化进行监控，从而确认企业的战略基础是否发生了变化，以保证企业战略执行的有效性。当企业能够根据环境的变化及时调整自身的战略方向，企业抗风险的能力将大幅提升。

本章小结

◎ 随着时代的变迁与科技的进步，涌现出很多新的战略思想。
◎ 在战略发展的历史长河中，战略管理的框架与底层逻辑并未发生改变。
◎ 主动拥抱变革，在与时俱进中不断丰富与完善战略管理思想。

第二章 战略思维能力

导读 战略思维是一种处理复杂问题、重大问题的有效的思想工具。善于运用战略思维,能透过现象看本质,把握事物运行规律。**战略思维能力说到底是一种理论思维能力,要在不断地思考中提高战略思维能力。**

拥有战略思维能力的人,能够发现本质规律,找出主要矛盾,确定战略方向和工作重点;能够清晰认识问题,判断形势,做好定位,抓住战略发展机遇;能够在尊重客观规律的前提下,善于抓住战略重点,抢占先机;能够从战略全局出发,提出解决问题的新策略、新方案、新途径。

一、战略思维的历史演进

战略思维是人们对全局性、长远性、根本性的重大问题进行思考的心理活动。**战略思维的要点是抓住能"牵一发而动全身"的重点,即对全局具有决定性作用的重大问题。战略思维的目的,就是实现整体利益的最大化**。战略思维关注的内容包括局部与整体的关系、短期与长期的关系、一般与重点的关系。

提到战略思维,有两本书堪称经典。其中一本是《孙子兵法》,这是我国现存的最早的兵书,也是世界上最早的军事著作,距今已有 2500 年历史。另一本是克劳塞维茨的《战争论》,这是近代西方军事理论的经典著作,也被称为欧洲的《孙子兵法》,距今约 2300 年。《孙子兵法》和《战争论》作为东西方古代军事理论的制高点,蕴含深刻的战略思维,对于提升战略思维能力具有重要的借鉴意义。

(一)战略思维的历史演进与《孙子兵法》

《孙子兵法》谈兵论战,集"韬略""诡道"之大成,被历代军事家广为援用。其中缜密的军事、哲学思想体系，深远的哲理、变化无穷的战略战术在战略思维领域也拥有广泛的影响，享有极高的声誉。

纵观《孙子兵法》，可将其核心思想总结为："百战百胜，非善之善者也；不战而屈人之兵，善之善者也。故上兵伐谋，其次伐交，其次伐兵，其下攻城。"《孙子兵法》中蕴含着丰富的辩证法思想，书中论述了敌我、主客、众寡、强弱、攻守、胜败、利害等一系列与战争相关的矛盾的对峙和转化。它正是在研究各种矛盾及其转化条件的基础上，提出其战争的战略和战术的。

《孙子兵法》的行文结构与企业战略规划内容是非常相似的，全文一共13篇，可大致对应公司层面战略、业务层面战略、职能层面战略。其中，始计篇、作战篇、谋攻篇、军形篇、兵势篇、虚实篇主要讲述战略决策与作战指挥，可对应公司层面战略；军争篇、九变篇、行军篇主要讲述战场具体打法与策略，可对应业务层面战略；地形篇、九地篇、火攻篇、用间篇主要讲述军事地理和特殊战法，可对应职能层面战略。

（二）《孙子兵法》的战略五要素：道、天、地、将、法

1. 道

道是指"上下同欲者胜"（外部要素分析，等同于战略的哲学思想分析：愿景、使命、价值观）。"道者，令民与上同意也，可与之死，可与之生，民弗诡也。"意思是国君如果施行仁政，以恩信道义爱抚民众，则民众便与国君上下一致，同心同德，能为国君出生入死，而不违抗。从经营管理视角来看，就是管理者与被管理者的目标要一致。满足客户需要，取得客户的支持，以人为本，取得员工的支持。即为得道多助，失道寡助。

2. 天

天是指气候条件是否合适（外部要素分析，等同于战略分析"PEST分析"）。"天者，阴阳、寒暑、时制也。"意思是要顺应天时，因时制宜。从经营管理视角来看，就是要抓住市场的机遇，顺应市场的变化，尤其是对消费者的变化要敏感。既要适应和利用自然环境的变化，又要适应和利用经济景气周期、产品生命周期、企业生命周期等经济规律等。即大势所趋，顺势而为，过早和过晚都不行，这个"势"要抓得住，还要抓得稳。

3. 地

地是指地理条件是否适宜（外部环境分析，等同于战略分析中的"五力模型"）。"地者，高下、远近、险易、广狭、死生也。"意思是要借助地利，因地

制宜。从经营管理视角来看，就是要熟悉和掌握市场需求、市场容量、市场竞争的变化情况，根据自身的情况选择经营策略。企业的战略选择，不仅要根据自身的技术和资源优势，也要适应市场的变化和竞争态势的变化。

4. 将

将是指将领是否具备相应的才能（内部资源与能力分析，等同于管理团队的素质分析）。"将者，智、信、仁、勇、严也。"意思是要唯才是举，知人善用。从经营管理视角来看，就是要做好用人决策，"智、信、仁、勇、严"这五条用人标准对企业用人决策同样有借鉴意义。

智：专业知识，生活常识，人生阅历等。

信：自信于己，施信于人，取信于民。

仁：体恤下属，给人机会。

勇：勇于冒险，敢于说不，勇于认错。

严：严于律己，严格要求，赏罚分明。

这些对于企业的"识人、选人、用人、育人、留人"五大环节具有重要的指导意义。西方人力资源管理的理论是基于人性理论、人力资本、人的需求理论等建立起来的，而我国的人力资源管理扎根在了儒家文化的深厚土壤之中，讲的是"仁、义、礼、智、信"，讲的是修身明智，更多的是强调哲学层面人的修为。《孙子兵法》中提到的"智、信、仁、勇、严"是具体用人方面的基本原则，也是我国文化的具体体现，简洁、易懂、易操作。

5. 法

法是指法规制度是否全面（内部资源与能力分析，等同于企业制度与激励机制等）。"法者，曲制、官道、主用也。"意思是要严明法度，这里法度就是规章制度。从经营管理视角来看，就是要规划设计企业的组织运作方式、指挥系统，明确岗位职责与分工、激励与惩罚，使企业运作效率最优。柳传志曾说过："经营企业就是搭班子、定战略、带队伍。"他把"搭班子"放在第一位，即认为有一个具备共同理念的班子才是经营企业最为关键的因素。

（三）《孙子兵法》的四条核心原则

1. 全胜原则

"上兵伐谋，其次伐交，其次伐兵，其下攻城。"从经营管理视角来看，如何让利益最大化呢？投入小产出大的胜利，才是最智慧的。为此，可以先从观念上去影响竞争对手，收集有关对手的所有信息，精确地掌握对手动向；然后可以通过合作、并购的方式使得利益最大化；最后从人才和产品的竞争上，要集中人力、物力攻坚，获得优势。

2. 知胜原则

"知彼知己，百战不殆，不知彼而知己，一胜一负，不知彼不知己，每战必殆。"从经营管理视角来看，知彼是谁，知己何能，实事求是，量力而行。"彼"在前，"己"在后，说明了解外部环境、竞争对手的难度和重要性。企业如果可以了解竞争对手的情况，却不让竞争对手了解自己的核心竞争力，并对未来发展趋势有正确的判断，那就可以出奇制胜，领先对手。要动态地了解对手，因为信息是瞬息万变的，要透过现象看本质，还可以通过SWOT分析，了解自身的优势和劣势。

孙子兵法坚持用"彼"，而不用"敌"，说明强调的不仅仅是正面的敌人，还要考虑其他的环境和潜在的对手，"彼"的概念范围更大。

3. 先胜原则

"昔之善战者，先为不可胜，以待敌可胜。不可胜在己，可胜在敌。"从经营管理视角来看，很多企业往往不是被竞争对手打败，而是被自己打败，比如内部机制不健全、机制僵化等。所以企业要先苦练"内功"，要建立良好的机制，营造良好的团队文化等。

4. 战胜原则

"故用兵之法，十则围之，五则攻之，倍则战之，敌则能分之，少则能守之，不若则能避之。"从经营管理视角来看，当企业区域、渠道或产品优势明显时，则集中优势，实现饱和攻击。当企业区域、渠道或产品明显处于不利时，打得赢就打，打不赢就跑，保存自己的实力很重要。

（四）战略思维的历史演进与《战争论》

《战争论》对于战略的定义是为了达到战争的胜利而对战斗的运用，然后提出了战略的三种主要任务，分别为拟制战争计划、拟制各战局方案及部署战斗、根据实际战争做必要修改。从系统思考的角度来说，拟制战争计划是总目标；拟制各战局方案及部署战斗是分目标，就是将总目标分解为可执行的若干个分目标；根据实际战争做必要修改，相当于系统思考的反馈和修正环节。战略的三个主要任务包含了负反馈控制的目标、执行和反馈修正，从而形成了一个完整的闭环控制系统。

战斗的目标是使敌人无力抵抗，战斗的手段是消灭敌人；战术的目标是胜利，战术的手段是使用军队；战略的目标是促使与敌人的媾和，战略的手段是利用战术的胜利。**战略可以看作对于整个战争的总体规划，战术用来实现战略目标，战斗用来实现战术目标。**

克劳塞维茨关于战略的论述包括以下三个具体观点。

第一，战略是一种运用和部署战斗以达到"军事目的"和"政治目的"的科学或艺术，以拟制和实施战争计划为核心内容的系统工程。

第二，只要符合战争的客观事实，并达到战争"胜利结局"的战略，才是正确的战略。

第三，坚定不移地贯彻符合客观实际的战争计划，以及始终着眼于"战略的有效要素"，是真正地实施战略的两个重要原则。

纵观《战争论》，可将其核心的四条原则总结为：动用一切可用的兵力；集中兵力，精准打击；奇袭，为获取胜利的最强力的因素；追击已败的敌人实为获取胜利果实的唯一手段。

二、战略思维模式及其对企业战略的现实意义

战略思维主要有四种模式，分别是系统思维、博弈思维、创新思维和辩证思维。**系统思维能够把事情看"全"**，在战略管理实践当中，通常用于企业顶层设计，包括法人治理体系设计、关键岗位的人事安排等。博弈思维模式能够把事情看"透"，通常用于竞争策略选择。创新思维能够把事情看"开"，通常用于商业模式创新和产品创新。辩证思维把事情看"活"，在战略决策中，通常用于商业机遇的判断和选择。这四种战略思维模式，在战略决策战略和思维培养当中都会起着重要作用。

（一）系统思维

系统思维就是将想要达到的结果、实现的过程、优化的过程以及对未来的影响等一系列问题作为一个整体系统进行研究。系统思维是以"系统"为基本模式的思维方式，就是根据思维对象的系统特征，从系统整体出发，关注系统的整体与部分、部分与部分、系统与环境之间的相互联系与相互作用关系，运用系统分析方法，得出系统目标的最佳科学思维方式。系统是多个要素相互关联的整体，要素则是组成一个整体的相互作用着的部分。

1. 系统思维模式的特征

（1）系统的整体性：系统思维模式的整体性取决于客观事物的整体性，整体性是系统思维方式的基本特征，存在于从系统思考开始到系统思考结果的整个运动过程之中。

（2）系统的结构性：以系统科学的结构理论为指导思想，强调从系统的结构来认识系统的整体功能，寻找最佳的系统结构，从而达到优化系统功能的目的。

（3）系统的动态性：系统的稳定性是相对的，每个系统都有自己生成、发展和消亡的过程。因此，系统内要素之间的联系及系统与外部环境之间的联系都不是一成不变的，二是动态的，与时间密切相关，并会随时间而改变。

（4）系统的波动性：由于未来趋势的不确定性很大，常常不能事先预测所有变化，如股市的波动、经济涨落等。矛盾的运动发展就是波浪式的前进，是否定之否定式的运动，因此波动是普遍的现象。平缓波动一般对系统没有什么严重影响，如果一遇到波动就轻易改变战略目标或降低战略执行要求，那么就失去了战略指导意义，组织也就无法朝着一个方向不断前行。而且波动常常是推动系统进步发展的积极因素，系统在必要的情况下，需要根据实际情况的变化对原有的战略目标进行及时的修订与调整。但是严重波动常常对发展带来危害，如经济系统的周期性涨落、经济危机及管理工作中的矫枉过正等。因此，系统必须在不同的波动中找准方向和策略。

2. 系统思维模式对企业战略的现实意义

系统的整体性对企业战略的现实意义有以下三点。

（1）强化全局观，当局部利益和全局利益发生矛盾时，局部要服从全局，绝不可为了谋取一城一地的得失而忘记了根本且长远的大利。

（2）对于全局问题的思考与研究，不仅是局部人员的要求，更是对整体的要求。

（3）系统结构上的改变可能会导致系统整体功能的变化。

系统的结构性对企业战略的现实意义有以下两点。

（1）在系统的分析差距基础上，预测未来发展趋势和不同发展阶段的特点，提出各个阶段的主要挑战与威胁，厘清阶段性的战略目标。确保达成各阶段性目标，从而实现整体目标。

（2）在自身发展的同时，要关注竞争对手的动态，并结合企业不同阶段与标杆企业进行对标，做到知己知彼，使企业在竞争中更加有的放矢，获取资源与效能的最优化配置。

系统的动态性对企业战略的现实意义有以下三点。

（1）加强前瞻意识，对于未来环境发展和变化的理解应当进行提前预测，采用先进的理念和手段，提前做出战略决策与实施，以赢得竞争主动权。

（2）加强创新意识，随着系统和环境的不断变化，过去有效的竞争战略和盈利模式等可能已不适用，故必须及时更新，保持领先性。

（3）加强开放意识，充分考虑环境的适应性，加强战略管理过程，并与其他信息进行交互，以创建为实现战略目标的条件。

系统的波动性对企业战略的现实意义有以下两点。

（1）适应波动规律的战略决策：应当在一定时期逐步摸清系统的波动幅度与波动周期，有预见地提前采取适应行动。在战略制定过程中，要求对内外部环境进行深入分析，使企业战略规划能够适应未来环境的变化。

（2）改善波动性的战略决策：应当通过种种方法减少或降低系统的延滞程度，加快战略执行的反应速度。

（二）博弈思维

博弈中的"博"字是竞争的意思，"弈"是对弈，博弈是在竞争中选择策略，争取最佳结果的一种方式。由于不同的博弈参与者可以选择不同的行动，所以一个博弈参与者的得益不仅取决于自己采取的行动，也取决于其他博弈参与者所采取的行动。博弈思维的精髓在于基于系统思维基础上的理性换位思考，从而选择最有利于自己的行动。

1. 常见的博弈类型

从不同的角度来看，博弈可分为不同的类型。零和博弈是指博弈双方的收益和损失是可以相互转化的，一方收益，则必然给另一方带来损失；反之，则为非零和博弈。合作博弈是关于在合作中如何进行利益分配的博弈，使得参与各方的利益达到一种均衡；反之，则为非合作博弈。静态博弈是指参与博弈双方同时行动，或者一方已经行动，但后行动的一方并不知道先行动的一方具体采取了什么行动；反之，则为动态博弈。重复博弈是指同一结构的博弈多次重复；反之，则为非重复博弈。完全信息博弈是指博弈双方完全清楚有关博弈的信息；反之，则为不完全信息博弈。

2. 博弈思维模式对企业战略的现实意义

一个完整的博弈包括博弈方可选择的全部行动或策略的集合、博弈的规则、博弈方的收益、博弈的信息、博弈的参与者。当企业处于完全竞争市场中，通过改变其中的一个或几个博弈要素，将有可能改变整个市场战略竞争格局。

（1）改变博弈方可选择的全部行动或策略的集合。过去的博弈过程可能影响未来的博弈，一个区域范围内的博弈过程可能影响其他区域的博弈，通过改变时间与空间的博弈结果，都会给企业带来更大的利益。

（2）改变博弈的规则。规则犹如一个禁锢着同质化思维的牢笼。虽然改变规则的风险性很大，但是一旦成功，所得的收益也十分可观。

（3）改变博弈方的收益。通常博弈双方企业的经营收益是变化的，企业不仅可以通过提高自身的经营收益来获取直接受益，也可以通过降低对方的经营收益，保持自己的竞争地位。

（4）改变博弈的信息。信息影响着企业管理者对不确定性的看法，进而影响着企业管理者的行为，因此改变博弈的信息也能为自己带来收益。

（5）改变博弈的参与者。一个企业经营的参与者并非一成不变。企业可以通过改变一个或多个参与者，从而改变博弈格局，如通过战略联盟增强自身的竞争优势等。

（三）创新思维

熊彼特在《经济发展理论》一书中指出，"创新"就是"建立一种新的生产函数，把一种从来没有的关于生产要素和生产条件的新组合引入生产体系"。

1. 常见的创新类型

产品创新和市场创新：新产品、新工艺和新技术中的每一个环节都包含了不确定性。这里的不确定性主要来源两个方面——技术的不确定性与市场的不确定性。技术的不确定性取决于产品是否能够商品化，即规模化生产；市场的不确定性取决于产品是否能够商业化，即产品与市场定位能不能满足客户需求。

业务模式创新：业务模式创新包括基于资源整合、价值重塑、服务创新、收入机制、价值网络五种模式。其中，资源整合模式是利用现有资源的潜在价值或对于新资源的深度挖掘，而形成的价值增值。价值重塑模式是通过重组价值链、寻找价值链上的新定位、构造独特的价值活动体系等，对价值活动的定位、设计与匹配机制进行重新配置。服务创新模式是通过创造独特的价值取向，为客户提供卓越价值体验，实现服务创新。收入机制模式是通过利用所有资源和条件，设计各种收入机制扩大收入来源。价值网络模式是通过设计不同的交易机制，与合作伙伴一起形成合力创造价值。

运营模式创新：运营模式创新包括整合模式、聚合模式、分化模式、平台模式四种模式创新。其中，整合模式是将企业内部相互关联但又相互分离的功能，通过组织和协调，整合成一个为特定目标创造价值的系统。与整合模式不同，聚合模式则是将企业外部的用户、产品、内容或数据等资源，通过组织和协调，整合成一个为特定目标创造价值的系统。外包、共享是两种基本的分化模式。外包是指企业将运营过程中的一项或多项业务外包出去，由专业的机构或组织承接，以达到降低成本、减少投资等目的。共享是企业将共用的职能或功能集中起来，为各业务单元或部门提供标准化的服务，以达到降低成本、提升服务质量的目的。平台模式是多方主体通过建立共享"生态圈"，实现多方共赢的模式。

2. 创新思维模式对企业战略的现实意义

创新思维模式对企业战略的现实意义主要体现在以下四点。

（1）不断优化商业模式：市场的发展日新月异，新的商业机会也在不断地涌现，企业为了保持旺盛的生命力必须不断优化其商业模式。一方面，创新思维模式提醒企业必须善于抓住新的市场机会，创建一个基于市场特点和满足客户需求的新的商业模式。而商业模式的创新设计应坚持以市场需求为导向，以客户需求为出发点，通过对环境的深入分析和行业的本质的研究，以确定服务客户的隐性需求，并基于此提出企业独特的价值主张。另一方面，督促企业建立其核心竞争优势，以确保自身盈利模式的有效性。

（2）以客户为中心：以客户为中心是企业存在的根本理由，甚至是唯一理由。只有深入研究与挖掘消费者的需求与痛点，企业才能抓住商机，为企业发展提供新的发展和机遇。

（3）建立战略联盟：产业发展必须要改变以往单打独斗的局面，只有联合起来，才能最大限度地发挥战略联盟效应。企业的战略联盟通常是逐步深化，先易后难，由浅入深，有条不紊地扩展。协作越深层次越多样化，协作的效率越高，所表现出的作用和效果也越大。

（4）培养创新意识：建立品牌必须树立创新意识，简单的模仿不会获得长久的成功，也不利于品牌的长期发展。只有通过学习成功企业的产品开发过程与理念，重视研发的底层逻辑研究与创新，企业的核心竞争力才能真正得到增强。

（四）辩证思维

辩证思维是从一个不断发展变化的角度去认识事物的思维方式，通常被认为是一种与逻辑思维相对立的思维方式。在逻辑思维中，事物一般是"非此即彼""非黑即白"，而在辩证思维中，事物可以在同一时间里"亦此亦彼""亦黑亦白"，而无碍思维活动的正常进行。

1. 辩证思维模式的三大规律

对立统一规律是唯物辩证法的实质与核心，揭示了任何事情都有两面性。事物矛盾双方既对立又统一是事物普遍发展的规律。

量变质变规律揭示了量变引起质变，而质变也会引起量变。事物的发展总是由量变到质变，又由质变到量变，在质变过程中有量的扩张，又有新的量变产生。

否定之否定规律揭示了从肯定到否定，再到否定之否定的发展过程，就是事物不断自我完善、自我发展的规律过程。在此过程中，事物的发展呈现出周期性。

2. 辩证思维模式对企业战略的现实意义

（1）对立统一规律：在企业日常管理实践中，既要重点解决企业发展过程中的主要矛盾，同时也不能忽视非主要矛盾。企业处于不同发展阶段时，其主要矛盾和主要问题不能一概而论，需要结合企业自身实际情况与外部市场环境，进行分析与改善，进而找到企业发展的原动力。

（2）量变质变的规律：企业发展过程也要经历量变、部分质变和质变的不同发展周期。一般在量变周期内，企业内外部发展相对较好，矛盾处于缓慢积聚的时期，企业处于快速发展期。但在质变周期内，长期积聚的矛盾相对激化，企业波动较为激烈。一般来讲，"量变期"较长，"质变期"较短。

（3）否定之否定的规律：不管是哪种管理活动，不管是什么样的管理研究，都是由肯定到否定，再到否定之否定的过程。在这一个周期中，经历了两次否定，每一次否定都不是简单的抛弃，而是扬弃。所以说，否定之否定即新的肯定阶段，管理并没有回到原先的出发点，而是经过前进和发展了的管理。在否定之否定的过程中，企业可以借鉴优秀的、适应本土的管理，同时创造具备特色的管理理论，来指导企业的管理实践。

三、战略辩证思维

战略辩证思维能够让我们更加全面、系统地认识事物的本质和规律。常见的战略辩证思维包括义利的辩证思维、危机的辩证思维、取得与舍弃的辩证思维、攻守的辩证思维和时空的辩证思维。

(一) 义利的辩证思维

"义"是我国传统文化中重要的价值观念之一，义利之辩是儒家思想中的重要内容。"义"原指人义、情义；而"利"，则原指利益、人利。"义"重在群体利益，"利"重在个体利益。

现代企业作为一个营利性机构，当然是要追求利润的。获取必要的利润，也是企业不可推卸的责任。然而"君子爱财，取之有道"，怎样赚钱，赚多少钱，都必须以国家法律法规的约束为基础和前提。

在当前市场经济的大潮中，有些企业为追求利润，采取了种种不正当的竞争手段，为了追求短期利益而做出一些危害社会的事情。因此，企业必须处理好企业营利与社会公德的关系，应当清楚地明白，企业不仅仅是一个营利机构，而且同时也是社会环境中的一员，担负有不可推卸的社会责任。作为企业经营管理者，应有道德意识，自觉地进行道德约束，见利思义，义利并重。同时，企业还应认识到，"利"是多元的，它不仅仅是物质形式的金钱，信誉和形象也已成为企业的一种无形资产，且扮演着越来越重要的角色。往往许多优秀的企业，都是通过自己的义行善举，通过对社会公德的践行，塑造了良好的社会形象，赢得了巨大的社会效益与经济利益。

(二) 危机的辩证思维

在常规的思维中，危机就是被竞争对手打败或超越的机会。但是，在辩证的思维中，危机不但不是真正的危险，反而更多是机遇。当危机到来的时候，通过积极的转化，转眼之间，危机就会变成超越竞争对手的良机。"危机"其实一直都包含着两个方面的内容："危险"和"机遇"。只是我们习惯性地只看到"危险"，而看不到"机遇"。在商业运营过程中，要学会依据周期进行反周期运作的基本方法。

生意难做的时候才能真正诞生一些"了不起"的企业和企业家，真正考验企业家的精神和毅力。未来考验的是你有多大担当，眼光看得有多远，未来不是由钱和资源决定，而是由担当决定的。所以，虽然今天的世界充满了抱怨、问题和麻烦，但是如果哪家企业能够解决这样的抱怨、问题和麻烦，就是最大的机遇。

(三) 取得与舍弃的辩证思维

取得与舍弃是相互关联的，因为有取得才会有舍弃，所以，取得与舍弃互为有无关系，而互为有无的关系是相对的，因此相对于取得就要有相应的舍弃。取舍之间会相互转化，取得是舍弃的开始，舍弃是另一种取得的开始，其相互转化的过程中，暗含了诸多的因素与元素，这些因素是事件的起因、事件的过程，也是事件的结果。

战略的本质就是选择做什么或不做什么，这与取得与舍弃辩证思维高度一致。

（四）攻守的辩证思维

攻守是战争的两种基本形式，攻与守既相互矛盾又相互依存转化，《孙子兵法·形篇》中说："不可胜者，守也，可胜者攻也，守之不足，攻则有余。"意思是说，打得赢就打，打不赢就守。防御是因为取胜的条件不足，进攻是因为取胜的条件已经具备。善于运用攻守两种作战形式，就"能自保而全胜"，即达到进攻和防御的共同目的：保存自己，消灭敌人。

攻守辩证说明两个事实，第一，任何战略都要经过认真思考，都要兼备攻防功能，即既有攻，又有防。第二，有时候防守就是最好的进攻，而有时候进攻就是最好的防守。

（五）时空的辩证思维

时间和空间既是绝对的又是相对的，是绝对和相对的辩证统一。集中表现为时间和空间的无限性和有限性的辩证统一。时间和空间是认知世界的两个维度，在一定程度上，时间的优势可以弥补空间的劣势，而空间的优势则可以弥补时间上的劣势，这个就是时空互换。时空互换包括两个层面，即以空间赢得时间和以时间获取空间。时间从某种程度而言，即是速度。要提高速度就必须要优化时空的组织形式空间，实现以空间赢得时间。空间从某种程度而言，即是实践的领域。要实现实践领域的优化与拓展就需要时间，即以时间获取空间。如笨鸟先飞，就是典型的用时间换空间的例子。时空互换理论通常用于竞争当中的区域策略选择，当这个区域不占优势的时候，就换一个空间，到另外一个空间上去寻找优势。同理，如果空间上不占优势的时候，就到时间上去寻找优势。

本章小结

◎ 战略思维能力需要着眼于长远、着眼于大局，正确把握事物发展总体趋势和方向。

◎ 孙子兵法"道、天、地、将、法"的战略思想，从战略管理视角来看，要求企业经营者从目标一致性、因时制宜、因地制宜、用人决策、组织设计、职责分工等方面系统地策划。

◎《战争论》认为战略是为了达到战争目的而对战斗的运用，它规定战争目标，拟订战争计划，拟制各个战局的方案和部署其中的战斗。

◎ 战略思维主要有四种模式，分别是系统思维、博弈思维、创新思维和辩证思维。

◎ 常见的战略辩证思维包括义利的辩证思维、危机的辩证思维、取得与舍弃的辩证思维、攻守的辩证思维和时空的辩证思维。

第三章 战略规划与落地（OAPS）模型

导读 由于战略管理理念在我国起步比较晚，大部分企业管理者尚未建立体系化的战略思维能力，更谈不上系统性的战略规划与落地能力。如果把战略思维能力比作战略管理之道，那么战略起点中的企业文化（使命、愿景、价值观）、业务思想就是战略管理之法，差距分析、战略分析、战略定位、战略执行皆可称为战略管理之术。

一、战略规划与落地（OAPS）模型的四大模块与三大关键点

如图 3-1 所示，战略规划与落地（OAPS）模型主要由四大模块（战略起点、战略分析、战略定位和战略执行）、三大关键点（限制条件、战略机会点和战略地图）组成。

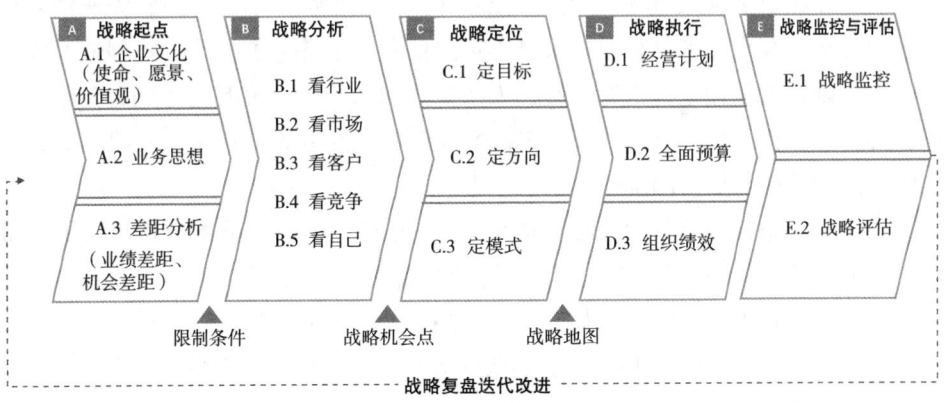

图 3-1 战略规划与落地模型

其中，战略起点包括企业文化（使命、愿景、价值观）、业务思想、差距分析（业绩差距、机会差距）三个关键输入，战略分析包括看行业、看市场、看客户、看竞争和看自己五个不同维度，战略定位包括定目标、定方向、定模式三个不同层面，战略执行包括年度经营计划、战略性预算管理、组织绩效管理三个核心支撑。

（一）战略起点

战略起点的三个部分内容就是所有战略过程中最基本的部分，也是最核心的部分。根据笔者多年企业管理实务经验和咨询经验来看，这部分往往是企业家和咨询顾问最容易忽略的部分。本书在此通过企业文化、业务思想、差距分析三个不同角度综合定义战略管理的起点。**企业文化是企业经营哲学，业务思想是企业不断实践的结晶，差距分析则是企业不断总结与提升的原动力。**

（二）限制条件

在 VUCA 时代，真正拉开企业与企业之间差距的是**企业家的思维能力**。企业家的思维决定行为，企业家的行为则决定企业方向（战略），所以常说**企业家拓展格局的本质就是突破原有的思维上的"限制条件"**。

（三）战略分析

战略分析中的看行业、看市场、看客户、看竞争、看自己是一套比较体系化的洞察战略、厘清战略的方法论。不看行业，无法从宏观上探寻机会的来源；不看市场，无法识别重大市场机会点，战略无法形成聚焦；不看客户，无法清晰知道客户是谁、客户需求、客户决策链等重要信息；不看竞争，无法找到战胜竞争对手的关键要素是什么；不看自己，无法做到知己知彼。所以这"五看"缺一不可，与单一分析工具（五力模型、SWOT 分析法、价值链等）相比，战略分析更加强调战略落地与执行的统一。

本书在战略分析部分的核心贡献在于，"五看"各模块下的分析工具的标准化。战略分析就如一千个人眼中有一千个哈姆雷特一样，每个人对于"五看"的视角和理解都是不一样的。例如，PEST 分析工具中的经济环境分析，可以从利率、可支配收入、GDP 趋势、通货膨胀率等很多的分析角度去看。如果企业找了一堆数据后才发现很多数据都无法说明相关问题，这样既耗时耗力，又达不到预期效果。通过对于战略分析"五看"中使用工具相对固化，可以大幅降低"非战略沟通"的成本，从而达成思想上的统一。

（四）战略机会点

著名经济学家周其仁教授曾提出过"水大鱼大"的概念，即我国的市场规模很大，如此庞大的市场规模，必然会产生规模巨大的企业。另外真格基金的联合创始人王强说过"思维就像洋葱，一共有四个圈层。最顶层的是人文思维，再往下一次是科学思维、技术思维、商业思维。如果停留在商业思维，你就将错过技术思维；如果你只知道科学思维，你就无法探寻科学本身的意义；而最终只有人文的顶层思维，才能帮助你形成一个正确的、完整的认知结构，而人文思维也是最难的"。所以，战略机会点，就是企业家首先要找到并选择好"大市场"，其次是找到合适企业自身发展的"赛道"，抢占战略制高点。如何抢占战略制高点？就像一个站在山下的人永远是看不清山的全貌一样，只有当你站在山顶时，才能俯瞰整个山的全貌。VUCA时代，跨维度或跨行业的竞争，通常都是生死存亡的问题。例如，当传统杀毒软件行业还在互相抢占市场份额时，360杀毒软件宣布免费，仅仅用了3个月的时间就超越了连续9年稳居行业第一的瑞星，此举直接推动了杀毒软件的行业变革。

（五）战略定位

战略定位中的定目标、定方向基本上与经典战略规划方法论没有太大差别，真正的不同点在于定模式。特别是在集团企业与单一企业/分子公司战略重点各不相同的情况下，集团战略更多是从如何选业务，选择完业务后如何管理业务，后期如何保持业务可持续与协同发展的角度来考虑的；而单一企业/分子公司的战略更多是从如何通过商业模式设计或重构，确定企业独特的价值主张的角度来考虑的，再将企业独特的价值主张反映在企业的研产供销的主价值链上和三条支撑价值链（人力资本、信息资本、组织资本），进而形成单一企业/分子公司战略。

（六）战略地图

企业通过战略地图可以有效地传达取得未来绩效的关键成功因素是什么，以及如何为客户带来特定价值，如何通过持续提升内部运营管理能力、学习与成长等方面，确保企业长期价值的实现。

(七) 战略执行

与传统的战略规划（金字塔式等）方法论相比，战略规划模型更强调规划，与执行层面结合得不够。战略执行以年度经营计划为切入点，结合战略性预算管理与组织绩效管理，推动战略目标的实现。年度经营计划的价值，不仅仅在于计划本身的科学性，更多的是通过年度经营计划这个过程，让大家用同一种语言和方法，去总结自身的不足、洞察外部的机会、研讨公司及部门的目标、经营策略与重点工作，通过研讨，统一企业发展方向、目标与工作重点，从而做到方向一致、目标一致、利出一孔。只有年度经营目标顺利实现，才能确保战略总体目标的最终实现。

(八) 战略监控与评估

战略监控与评估的目标就是评价战略执行情况，发现问题、风险和机会，不断调整战略决策，以达成企业预期战略目标。由于战略监控与评估主要涉及企业实际经营层面，且多数以定期的战略回顾会议、经营分析会议等方式进行，故本书中并未作为独立章节呈现。

战略监控与评估作为战略规划与落地模型的最后一个模块，也是新一轮的战略规划与落地的开始。通过不断的战略复盘与迭代，以便适应环境的变化与增强企业自身核心竞争力。

二、战略规划与落地（OAPS）模型的创新点

战略从本质上来讲是企业高管的群体思维模式，而不是装订精美的文本。在战略管理实践中，很多企业的战略都是"写出来"的。但任何文字都是静态的、静止的，而战略却是一个不断发展的动态过程。

如果企业缺乏统一的战略思维模型，将导致每个人对于战略规划与落地的思考与理解的不尽相同，进而形成战略规划与战略落地执行"两张皮"的现象。同时，很多企业在战略规划的过程中，战略执行相关责任人并未直接参与，这也在一定程度上导致了无法形成共同的承诺与结果。

因此，基于上述的问题，战略规划与落地（OAPS）模型在设计之初便旨在形成战略规划与落地六个方面的统一，从根本上解决战略规划与落地不能有效执

行或脱节等问题。

共同的规划：通过战略规划与落地（OAPS）模型，让企业经营管理相关人员共同参与战略规划与落地过程，它不再是高层领导几个人或某个部门的规划，而是从高层到基层所有人的规划。

共同的语言：从战略规划到年度经营计划，再到战略性预算管理、组织绩效管理，均使用同一个思考工具，采用统一的思维模型，使大家有共同的规划描述语言。

共同的目标：通过战略目标和关键任务的层层分解，以绩效管理为手段，来保证企业上下同欲，团队"利出一孔，力出一孔"。

共同的承诺：战略规划与落地（OAPS）模型得出的结论，是大家共同研讨的成果，相关责任人也已达成共识，并做出相应的承诺。

共同的结果：从战略规划到战略执行，大家共同参与，共同面对市场结果。

共同的价值观：通过战略规划与落地（OAPS）模型，自始至终都在为团队营造以市场为导向、开放创新、团队协作等核心价值观，进而形成共同的价值观。

本章小结

◎ 战略规划与落地（OAPS）模型主要由四大模块（战略起点、战略分析、战略定位、战略执行）、三大关键点（限制条件、战略机会点、战略地图）组成。

第四章　战略起点与限制条件

导读　战略起点主要由三个方面构成，即企业文化、业务思想和差距分析。其中，企业文化即企业哲学，是解决企业如何在外部生存和内部共生的一套哲学，对企业存在的价值、企业发展的目标以及企业的生存之道进行了界定，是企业全体成员共同的价值观，具有鲜明的企业特征。业务思想是通过对所在产业的不断思考，所总结出来的一些普适的、能够在领域保证业务成功的思想。差距分析就是找出目标和现实状况之间的差距，并进一步找出存在差距的原因，以便制定相应的战略举措，减少或消除差距。同时，不断尝试突破限制条件将有利于发现存在的"战略思维盲区"，得到新的战略方向。

一、战略起点创造竞争优势

企业的使命、愿景和核心价值观是支撑企业战略的根本。企业的战略是可以对外公布的，企业管理团队可以知道，企业员工可以知道，企业竞争对手也可以知道。企业战略之所以无法简单复制，是因为企业的战略与文化保障息息相关，而使命、愿景和核心价值观是通过长期坚守形成的竞争力，其价值不是简单复制便可凸显。

业务思想是企业在长期经营实践中不断提炼与总结出来的，具有一定的普适性。因此，业务思想是经过不同的人共同理解之后，加上不断地去学习，再在日常业务里去贯彻执行的。

差距分析是以发现"差距"为始，以弥补"差距"为终的一种方法。通过差距牵引，寻找产生差距背后的根本原因，发现存在差距的关键问题，从而进一步为战略规划提供方向。

解决问题的前提条件、解决对策能允许的范围称为限制条件。在很多情况下，改变限制条件可以产生效果显著的新战略。特别是一些已经有明确的企业文化和业务思想的企业，不妨尝试突破现有的限制条件，也许会有更多的战略选择。

（一）企业文化

广义的企业文化认为，企业文化是指企业在建设和发展过程中形成的物质文明和精神文明的总和，包括企业管理中硬件与软件、外显文化与隐形文化两大部分，又可以细分为四个层次。其中，表层为企业物质文化；浅层为企业行为文化；中层为企业制度文化，反映企业中人与物、人与企业运营制度的结合，是对企业和员工行为进行规范和约束的一种文化；最深层的是精神文化，是企业文化的主体和核心部分。表层文化、浅层文化和中层文化均受深层文化的影响。狭义的企业文化认为，企业文化包括企业的思想、意识、观念、习惯、感情领域以及与之相适应的制度、组织和行为模式，即企业的精神文化。

本书所指的企业文化主要是使命、愿景和核心价值观。使命、愿景、核心价值观属于企业文化的范畴，如果把企业比作人，那么企业文化就是人的魂。对应人生哲学的三大终极问题：我是谁？我从哪里来？我要到哪里去？企业文化也有要解决的企业经营哲学三大终极问题：企业为什么而存在？即使命。企业要做成什么样子？即愿景。企业要如何做，遵循什么原则？即核心价值观。可以说，企业的方向感靠愿景，不迷茫靠使命，同舟共济靠核心价值观，三者相辅相成。

杰克·韦尔奇在探讨企业战略与企业文化的关系时，提出了"企业的根本是战略，战略的本质是企业文化"的观点。因此，在制定战略之前，应该充分尊重企业文化的主导和基础作用，强调企业战略与企业文化的匹配，特别是企业的使命、愿景和核心价值观的一致性。

企业战略是企业文化的本质体现，什么样的企业文化对应什么样的企业战略。制定企业战略之前，必须诊断企业文化的现状，重新定义企业使命、愿景和核心价值观。根据企业使命、愿景和核心价值观，拟定与战略相匹配的目标分解，并制定相应的措施推动战略目标有效落实。

企业的使命、愿景和核心价值观如果在战略执行过程中没有被不断强化，就会因为无法落地执行而被束之高阁。优秀的企业文化并非自然形成的，而是企业不断总结与提炼的结果。只有当企业文化真正上升到企业战略的高度，融入每个员工的思想深处，落实到每个员工的日常行为中，才能充分发挥其价值。

在战略方向大致正确的前提下，要确保战略目标顺利达成，就必须调动企所有资源。在这个时候，企业文化是保证战略有效执行的重要保障因素之一。同时，当面临不同的内外部环境或不同的企业发展阶段时，文化与战略之间的关系并不是一成不变的。所以，只有当企业的使命、愿景和核心价值观与企业战略互为表里、相得益彰，企业才能和谐有序地稳步发展。

（二）业务思想

业务思想体现了企业战略性的经营方向、经营原则和经营模式，是经营哲学的衍生物，也是确定企业业务领域以及进行战略性决策的依据。

【案例阅读：华为的三大业务思想】

华为的第一大业务思想：与客户联合创新。

与客户联合创新是华为经常采用的一招。不管是面对传统的电信行业，还是后来开发的企业网，华为都是优选行业里最有思想、最能代表行业趋势的客户，与其联合创新，然后搞清客户需求，进而为其提供精准的服务。

华为的第二大业务思想：保持有效增长。

为了保持有效增长，华为一直将资源聚焦于主流客户、主流市场。为了实现力出一孔，华为一直采用聚焦战略，不在非战略机会点上消耗战略竞争力量。

华为的第三大业务思想：持续管理变革。

华为的持续管理变革是为了实现流程能够从客户中来，再到客户中去，实现端到端的贯通，使得效率最高、成本最低。做到这一点其实是非常难的，因为传统的组织多是职能型的，在面向客户的时候，往往很难把不同的职能部门调动起来，因此很多企业都没有解决好这个问题。而华为的持续管理变革能够集中于一个目标，不断地去优化流程，不断地进行改进，进而使其保持旺盛的生命力。

（三）差距分析

差距分析包括两个部分，即业绩差距和机会差距。业绩差距是自己和自己比，与业界最佳比；机会差距则是与潜在空间比。

1. 业绩差距

所谓业绩差距，是指行业和产业有着重大的市场机会，但是由于企业自身没有做好，所以导致实际结果与预期目标、历史同期水平、行业平均水平、行业标杆对手之间形成了一种差距。进行业绩分析时需要聚集关键业绩数据（如区域、产品线、客户群）的达成，并客观公正地进行分析。业绩差距分析是进行后续分析自身能力与水平的基础，也是战略分析的指南针。

2. 机会差距

所谓机会差距，指的是就本企业来讲，已经做得非常好了，那么要想获得快速的发展，必须关注更大的机会，寻找更大的空间。这种空间反映在一定的竞争区域和一定的产业结构上。机会差距是现有经营结果和新的业务设计所能带来的经营结果之间的差距的一种量化评估。新的业务设计是一种基于现在的能力和资源可以达成，但因规划的缺失却没有进行的。分析机会差距有利于企业进行开放式思考，避免将战略规划的视野局限于现有的业务和框架。通过分析，可以得出有利于企业各业务单元的行业机会、品种机会等，并对失去的机会进行量化的评估。这些差距的弥补可以通过后续的业务设计来完成。

企业在完成业绩差距、机会差距分析之后，接下来需要思考到底是什么原因导致没有完成预期的目标。这些原因可能是多方面的，可能是企业内部问题，如组织、流程、人才等，也可能是外部环境因素，如经济环境、竞争对手等。所以，寻找原因时应遵循两个基本原则：二八定理与归因于内。

二、不断突破原有的限制条件

只有改变限制条件，才能大大拓展解决问题的策略的广度与深度。如果能做到这一点，就能更容易发掘新的观点和思想，也就更容易形成新的创意。但是，限于既有的限制条件，很多时候会让人陷入执念陷阱。在这种情况下，可以试着把这些限制条件都写出来，并试着打破这些限制，然后试图突破界限。

企业常见的限制条件包括以下几种。

（1）企业文化限制。企业文化中的限制条件包括：经营理念、竞争理念、人才理念、管理理念、一些不成文的行规、业界约定俗成的习惯、管理者的意愿等。

（2）更高层面的战略限制。按照企业管理的层次，战略一般可分为三个层次，即公司战略、业务战略和职能战略，但在实际操作中实施业务战略时，都会受到上一层战略（公司战略）的限制，同样，实施职能战略时，也会受到公司战略和业务战略的限制。

（3）业务类型限制。企业的参与者、基础的业务类型、企业价值链上的职能、现有的客户、销售区域等都很容易成为无意识的限制条件。在构建每个战略时，都要明确某个要素是否是企业战略的限制条件。

（4）业务领域、市场限制。企业业务种类、业务状态以及目标市场、客户等都会成为限制条件。这里面既有不能改变的要素、可以改变的要素，也有可以拓展的业务以及不能拓展的业务。

（5）经营资源限制。任何组织的能力都是有限的，任何组织的资源也都是有限的。比如资金、人才、业务基础设施等。

（6）惯性方式限制。企业通常的经营方式、制度、规定、业务流程，不同的组织分工、角色分工等都会形成一定的限制。

本章小结

◎ 战略起点从系统化的视角全面解构企业经营管理的实践，从体系化的视角建立与完善企业经营管理哲学，提供战略规划方向的指引。

◎ 战略起点由三个方面构成，包括企业文化、业务思想、差距分析。

◎ 企业文化、业务思想、差距分析都是动态过程，也是企业长期运作的核心底层逻辑。

◎ 企业战略若没有企业的使命、愿景和核心价值观的支持，就会因为缺乏精神和灵魂而难以维持。

◎ 企业战略是由不满意激发的，而不满意是对现状和期望业绩之间差距的一种认知。

◎ 不断尝试突破限制条件将有利于发现存在的战略思维盲区，进而形成新的战略。

第五章 战略分析与战略机会点

导读 通过战略分析，企业可以清晰地知道未来的机遇和可能碰到的挑战及风险，理解并解释市场上正在发生什么，以及这些变化对企业意味着什么，即寻找战略机会点。抓住战略机会点，首先市场空间要足够大，在这个"大市场"中，通过集中优势实现饱和攻击与降维打击，击败竞争对手。

一、战略分析的"五看"

战略分析共有五个部分组成，从大到小，依次是看行业（外部环境分析）、看市场（行业竞争分析）、看客户（购买决策分析）、看竞争（竞争对手分析）和看自己（核心竞争能力分析），最终输出战略机会点。

（一）看行业，从宏观上探寻机会的来源

在战略规划实践当中，企业可以依据 PEST 分析法，从四个方面来对外部环境进行分析。

政治法律环境方面的分析：在政治法律环境分析过程中，应该重点关注三个方面内容，政治、政策和法律环境。尤其要注意分析宏观政策，这些政策包括国家政策和产业政策。特别是产业政策，它会对企业发展产生非常好的推动作用。

经济环境方面的分析：在经济环境分析过程中，考虑的因素应有经济特征、经营条件、消费模式、税率和通货膨胀率等。应该重点关注三个数据，GDP 数据、CPI 数据、出口增长数据。因为 GDP、CPI、出口增长的相对速度，反映了一个经济发展的趋势，决定了经济的基本面。

社会文化和自然方面的分析：在社会文化和自然方面分析过程中，应该重点关注两个方面内容，自然环境、人口结构变化。尤其要关注人口结构的变化，因

为人口结构在一定程度上是决定一个企业收入和成本的重要因素。不同年龄段消费者的消费倾向有着非常大的差异，企业的产品和服务的销售对象是谁，决定了企业的收入。不同年龄段消费者的工作理念和工作思维也有不同，企业雇用的对象是谁，决定了企业成本。

技术环境分析：在技术环境分析过程中，应该重点关注两个趋势内容，产品技术发展趋势、工艺技术发展趋势。因为这两大技术趋势依然是决定了企业的成本和收入的重要因素。产品技术发展趋势，决定企业收入；工艺技术发展趋势，决定企业成本。

（二）看市场，识别重大市场机会点，形成战略聚焦

在充分竞争的市场环境中，企业应主要分析市场经济特征、市场吸引力、市场变革的驱动因素、市场竞争结构、市场集中度与格局、关键成功因素六个方面的问题。

如何判断一个市场主要的经济特征？要判断一个市场的主要的经济特征，需要四个数据，分别是市场规模、市场增长率、生产能力过剩和紧缺情况、行业盈利水平。这四个数据共同决定了市场的基本层面。因为市场规模决定了企业上限，市场增长率决定了企业发展前景，生产能力是否过剩和对应的解决情况决定了企业未来的领域选择，行业盈利水平决定了企业成长的空间。

如何判断一个市场的吸引力？要判断一个市场的吸引力，需要两个数据和两个工具，分别是行业与产品增长率和最近三年进入本行业及细分市场中的新企业、新产品的利润率及增长率，行业与产品生命周期和细分市场组合。下面先介绍第一个工具行业生命周期。因为有很多产业的革命性的变化是源于产品的变化，所以行业生命周期需要结合产品生命周期来进行综合判断。这里特别需要提醒的是，在分析企业所在行业与产品的生命周期的时候，应该把重点和精力放在哪一个生命周期的阶段，是导入期、成长期、成熟期还是衰退期？答案是衰退期。因为衰退期是该行业与产品即将发生重大变革的时候，在这种条件下，新的商业模式或新的产品就会脱颖而出。企业高层需要在新产品、新的商业模式脱颖而出之前，用直觉捕捉到这种模式和这种产品。另外，选择在什么时间点上进入某个行业与产品？在成长期还在导入期？这个就与企业规模和企业的市场竞争地位有关系。如果企业是在本行业中数一数二的龙头企业，那么应该在导入期就进入这个行业，目的是跑马圈地，构造自己的领先优势。再介绍第二个工具细分市场组合。在分析细分市场组合时，结合市场吸引力与竞争地位两个维度，可以将

第五章 战略分析与战略机会点

细分市场组合分为四个象限,分别是:在细分市场中具有吸引力且处于竞争优势地位。处于这一态势的细分市场中,应获取规模增长带来的收益,同时加大市场与产品研发投入,不断巩固其市场竞争地位;在细分市场中有足够的吸引力,但竞争优势较弱。处于这一态势的细分市场中,应加大市场与产品研发投入,以建立其强势竞争地位;在细分市场中没有吸引力,但竞争优势明显。处于这一态势的细分市场中,重点关注企业运作效率,巩固其细分市场中的竞争地位;在细分市场中没有吸引力且没有足够的竞争优势。处于这一态势的细分市场中,重点关注企业成本控制,将资源分配到其他更具有竞争优势的细分市场中。

如何判断一个市场变革的驱动因素有哪些?当市场发生重大变革的时候,推动行业进行重大变革的关键要素,就是驱动因素。驱动因素的分析步骤如下:第一步,辨别出各种驱动因素;第二步,评估各驱动因素对行业可能产生的影响。需要注意的是,关键驱动因素一般不会超过三个。一般而言,常见的驱动因素有:产品革新、技术变革、营销变革、客户的变化及客户使用产品习惯的变化、行业增长率的变化、成本和效率的变化、不确定和商业风险的变化等。

如何判断一个市场的竞争结构如何?五力模型是在市场竞争结构分析过程中常用的用于分析吸引力及基本竞争态势的工具。五种力量分别为购买者的议价能力、供应商的议价能力、同行业竞争者的竞争程度、潜在竞争者的威胁、替代品的威胁。

如何判断市场集中度与格局?要判断一个行业的市场集中度与格局,需要三个数据,分别是该行业近三年的销售额、近三年的销售增长率、市场规模的情况。这三个数据把一个行业内的企业分成了四个不同的层次,在行业当中数一数二的,我们称为市场领导者;紧跟其后的,我们称为市场挑战者;通常以模仿竞争对手先前的创新产品或经营模式为立足点,力求占领部分市场的,我们称为市场追随者;在狭隘的市场空间生存,且在狭义市场当中各有定位的,称为市场补缺者。这四种不同类型的竞争者在市场当中竞争策略的选择是有差异的。一般来讲,市场领导者既注重市场格局的开拓,同时又注重壁垒的构建;市场挑战者通常使用的竞争策略是游击战和侧翼战;常常会抓住市场领导者的某一个弱点进行集中攻击,进而奠定自己的市场地位;市场追随者通常会采用近距离跟随的原则,跟随市场领导者开展业务;市场补缺者则常常在狭小的市场上运用自己的核心竞争力,构建起一套基于自己核心能力的市场管理体系。

如何判断企业的关键成功因素?一般而言,关键成功因素的主要来源包括以下几项。第一项是环境因素:企业外部环境发生变化,也对其关键成功因素造成影响，如经济波动、人口增减、市场需求的变化等。第二项是竞争因素：行业内各个企业竞争地位不同，关键成功因素也不相同，如在寡头垄断行业中，龙头企业的竞争策略可能就是中小企业竞争成功的关键因素之一。第三项是偶发因素：随着企业内部因素的变化，常会出现偶发性关键成功因素。第四项是行业因素：不同行业的关键成功因素通常各不相同。表5-1是关键成功因素判别矩阵表。

表 5-1　　　　　　　　关键成功因素判别矩阵

	技术	销售	市场推广	品牌	物流	售后服务	采购	产品成本	产品质量	资金	政府关系	生产能力	人力资源	总分
技术														
销售														
市场推广														
品牌														
物流														
售后服务														
采购														
产品成本														
产品质量														
资金														
政府关系														
生产能力														
人力资源														

关键成功因素判别矩阵分析：在竞争分析中，关键成功因素分析是关键的一环，建议采用判别矩阵分析来识别关键成功因素。其具体操作过程是首先识别所有的成功因素，然后采取集中讨论的形式对矩阵中每一个因素打分，一般采用两两比较的方法。如果A因素比B因素重要就打2分，同样重要就打1分，不重要就打0分。在对矩阵中所有因素进行打分后，企业可以进行横向加总，以此来进行科学的权重分配。一般权重最高的因素就是关键成功因素。

（三）看客户，清晰知道客户是谁、客户需求等，进而做出购买决策分析

以客户为中心的思维起点是客户，关注客户的需求和关心的问题，找出可能

的解决方案,才能最好地满足顾客的要求。以客户为中心的市场分析活动将从根本上改变企业的商业模式和价值链。以客户为中心的思维会将价值链完全颠倒过来,使客户成为第一个环节,后面的每一个环节均以客户需要来驱使。

对此,企业应该考虑的问题主要包括客户的需要和偏好是什么?可以用什么方法来满足客户这种需要和偏好?在关注直接客户的需求的同时,我们更要问最终客户的需求是什么?有什么偏好?这种偏好怎么影响整个价值链的运作?在完成对以上问题的回答后,企业还应对当前客户和潜在客户的分布、网络结构、合理性等方面进行分析进而为购买决策分析得出有建设性的意见。

由于面向企业客户行业和面向个人用户行业的特征与销售场景不同,所以在看客户分析过程中,需区别对待。

1. 面向企业客户的行业

面向企业客户的行业常结合产业价值链与市场地图分析客户购买决策行为。

产业价值链:迈克尔·波特教授在其1985年的著作《竞争优势》中首次提出了价值链的概念,他认为"每一个企业都是用来进行设计、生产、营销、交货等过程及对产品起辅助作用的各种相互分离的活动的集合",主要包括产业价值链、企业价值链、作业价值链三部分。

通过产业价值链,企业可以找到其在产业价值链上的位置,明确该产业价值链上下游的关系,寻求最大限度地协同和整合来降低成本。

图5-1是以手机产业为例绘制的产业价值链。

图5-1 手机产业价值链

市场地图:市场地图是"市场评估"一步的主要输出。它明确了企业在相应市场里所进行的交易,描述了与竞争对手的比较,以及目前自身所处的位置。

图5-2是以某通信企业为例绘制的市场地图。

◎ **战略：**战略管理方法论与实践2.0

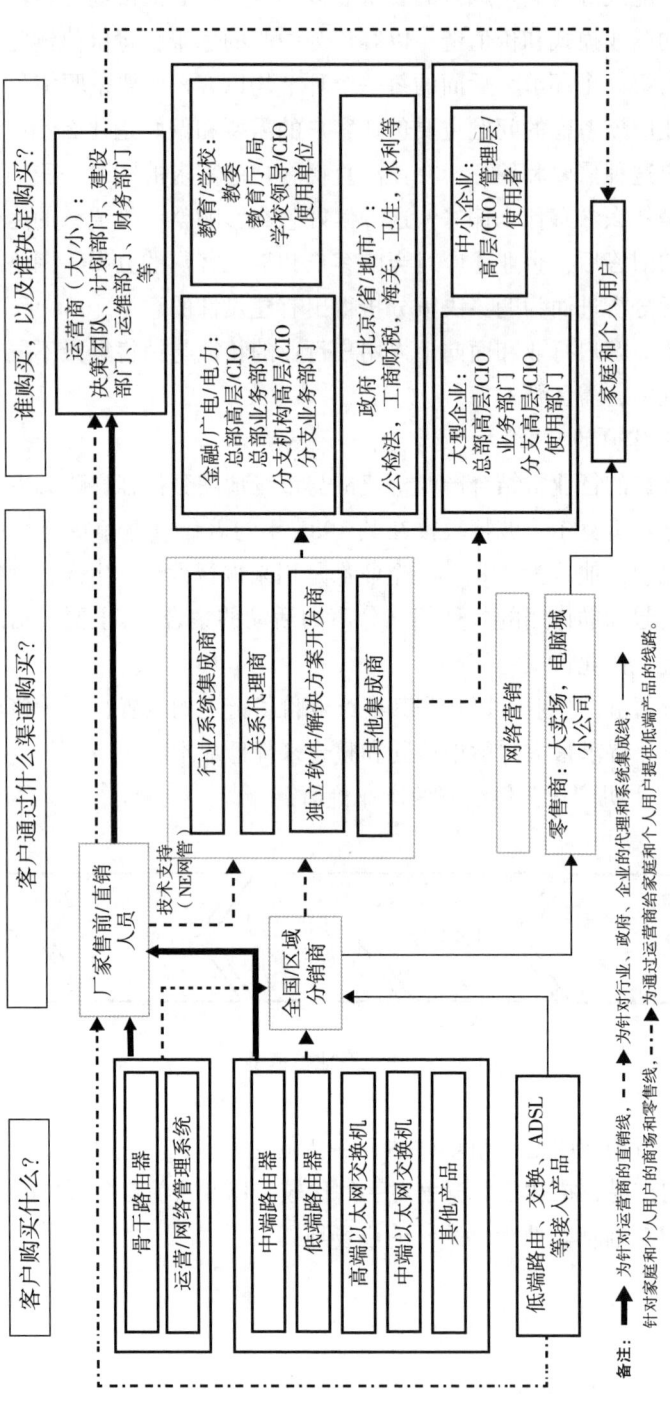

图5-2 某通信企业市场地图

市场地图可以回答五个问题：客户是谁？客户要购买什么？谁购买？谁决定的购买？客户通过什么渠道购买？

2. 面向个人用户行业

面向个人用户行业常结合客户画像与客户消费行为模型 SICAS 分析客户购买决策行为。

图 5-3 即为用户画像构架图。

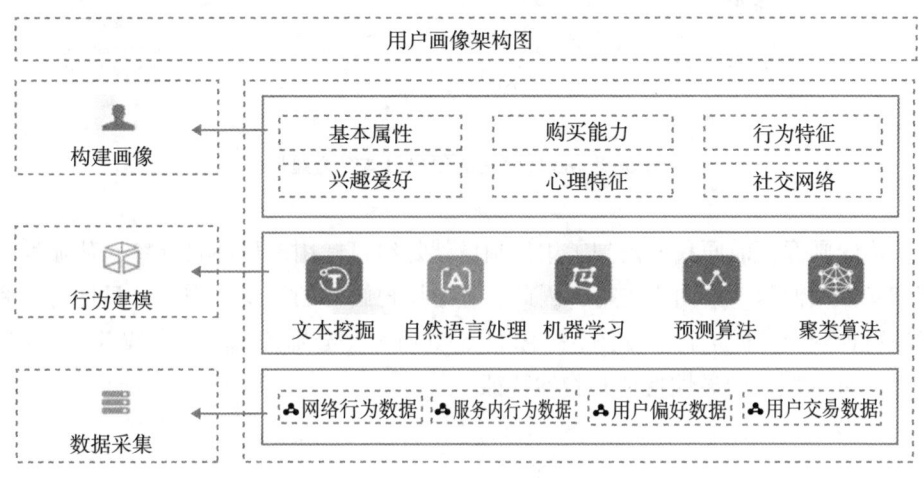

图 5-3　用户画像架构图

客户画像分为显性画像与隐性画像两类。显性画像是指用户群体可视化的特征描述，如目标用户的年龄、性别、职业、地域、兴趣爱好等。隐性画像是指用户内在的深层次的特征描述，包含了用户的产品使用目的、用户偏好、用户需求、产品的使用场景、产品的使用频次等。

为了让整个用户画像的工作有秩序、有节奏地进行，我们可以将构建用户画像分为以下三个步骤：数据采集、行为建模和构建画像。

数据采集：对于基础数据的采集，可以先通过列举法列举出构建用户画像所需要的基础数据，如用户总体数据、用户行为数据、用户参与度数据等。以上列举的数据维度相对较多，在构建用户画像过程中会根据需求进行相关的数据筛选。

行为建模：收集完用户画像所需的资料和基础数据后，需要对这些资料进行分析加工、提炼关键要素、构建可视化模型。比如，如果企业所做的产品是面向 80 后女性的用户群体，则需要了解 80 后女性的用户群体的性格特征、行为喜好等，然后再对这些报告进行分析和关键要素提炼，归纳出80后女性的用户群体标签，如图5-4所示。

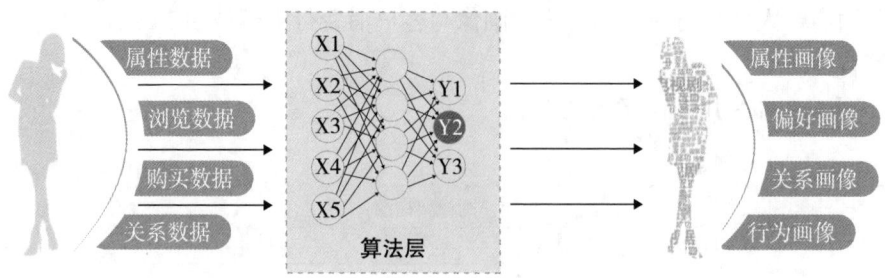

图5-4　80后女性的用户群体行为建模

构建画像：前面我们提到了用户画像就是给目标用户群体打标签，从显性画像和隐性画像两个方面来进行，因此，整个用户画像的呈现也需要从显性特征和隐性特征两个方面进行。如图5-5和图5-6所示，分别挖掘了某在线教育（K12领域）社区用户的显性特征和隐性特征。

成长路径	高一	高二	高三	大学
主要目的	交友、学习、改善心情、帮助别人			
偏好	生活、趣事	学习、兴趣	志愿、学习、心理	生活、社会实践、考研、求职
需求	适应和融入校园	学习解惑兴趣交友	志愿填报指导 快速提升复习效果	适应融入校园 综合素质提升
活跃关键	内容质量、圈子效应、认同感、责任感			

图5-5　某在线教育（K12领域）社区用户显性特征

第五章 战略分析与战略机会点

- 地域分布：高考压力较大的山东、河南、浙江及相对较为发达的近沿海区域
- 年级分布：社区用户主要以高二用户为主，其次是高三用户，高一和大学用户相对较少
- 社区等级：$x\%$处于a级别，b以上级别仅占$y\%$
- 社区贡献：$e\%$用户贡献社区全部内容，$h\%$的用户就只看看不说话

图 5-6 某在线教育（K12 领域）社区用户隐性特征

（四）看竞争，找到战胜竞争对手的关键要素

实施竞争对手分析既可以用于应对复杂的竞争环境，也可以通过分析竞争对手的市场策略，不断完善企业自身。竞争对手分析有两个难点，即如何准确寻找到竞争对手，如何做竞争对手分析。竞争对手按照不同的方法可以分为不同的层次，可以使用三要素辨别法来判断竞争对手的类型，见表5-2。

表 5-2　　　　　　　　　竞争对手三要素辨别法

需求是否一样	客户是否一样	产品服务形式是否一样	竞争对手类型	竞争策略
是	是	是	A 类竞争对手	针锋相对做价值
否	是	是	B 类竞争对手	战略防备做壁垒
是	否	是	C 类竞争对手	兼并重组做联合
否	否	是		

A 类竞争对手：需求、客户、产品服务形式与己方都一样。这类竞争对手通常会出现在同一竞标场合，是发生直面业务交锋的竞争对手。例如，在综合类视频网站中，腾讯视频和爱奇艺就属于 A 类竞争对手。A 类竞争对手之间极有可能要发生价格战，为了避免价格战，企业要在价值上下功夫，所以针对 A 类竞争对手，己方要努力通过价值提升，避免低档次的价格竞争。

B 类竞争对手：需求不同，客户、产品服务形式与己方都一样。例如，在白酒市场中，五粮液和江小白就属于 B 类竞争对手。针对 B 类竞争对手，要进行壁垒的打造，包括技术壁垒、商业模式壁垒等。壁垒的打造是为了防止 B 类竞争对

◎ **战略**：战略管理方法论与实践 2.0

手演变成 A 类竞争对手。

C 类竞争对手可分为两种：第一种是需求和产品服务形式都一样，但客户不同；第二种是需求、客户都不同，但产品服务形式一样。例如，在出行服务市场中，航空公司和携程网就属于 C 类竞争对手。C 类竞争对手想要完全进入对方市场的壁垒很高，成本较大，所以很难进入对方的市场和领域。但两者在产品和服务上一般是互补的，可以通过兼并重组和联合的方式实现资源的共享。

图 5-7 介绍了竞争对手的三种类型及分析框架。

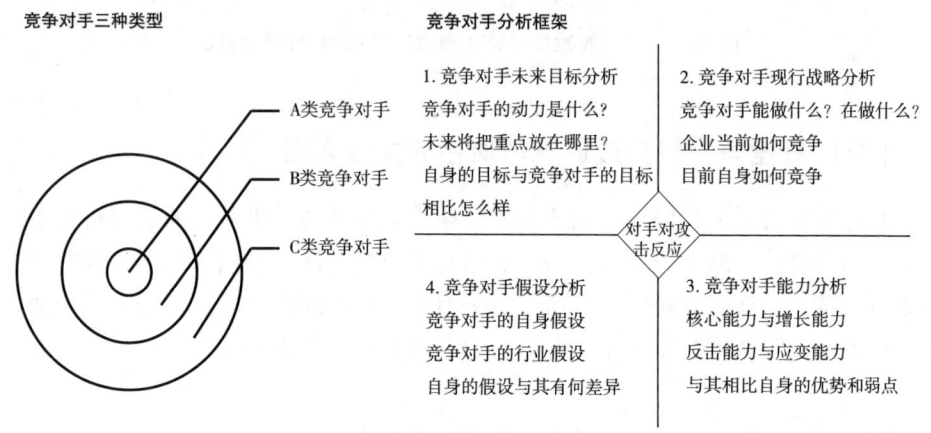

图 5-7　竞争对手的三种类型及分析框架

在竞争对手的资源和能力分析过程中，根据行业竞争的程度不同可以分为两种不同情况。第一种情况，当行业和产业竞争不激烈的时候，可以使用竞争对手分析框架进行竞争对手分析。第二种情况，当行业竞争非常激烈的时候，可以使用资源与能力竞争分析模型进行竞争对手分析。具体如表 5-3 至表 5-5 所示。

表 5-3　　　　　　　　　　　　企业资源类型

企业资源		举例
有形资源	实物资源	工厂、设备、建筑、原材料、土地等固定资产等
	财务资源	借贷能力、投资能力、资金产生及回收能力等

续表

企业资源		举例
无形资源	组织资源	企业内部组织的结构与采购、销售网络等
	技术资源	知识产权，如专利、商标等
	创新管理	研发设施、技术
	人力资源	管理人员、技术人员、其他骨干等
	企业声誉	商标、品牌、产品及服务的声誉等
	企业文化	企业文化、传统、精神等

表 5-4　　企业能力类型

企业能力		举例
职能领域能力	财务管理	盈利能力、偿债能力、运营能力
	人力资源	有效的激励体系，吸引人才的能力
业务领域能力	研发	快速的产品革新、独特的工艺、较强的基础研究
	市场开发	敏锐的市场意识、准确的市场定位、有效的分销体系
	制造能力	敏捷制造、精密制造、复杂制造
跨职能综合能力	学习能力	良好的学习氛围、企业通过实践进行学习的能力
	创新能力	鼓励创新的氛围、有效的创新组织和管理
	战略整合能力	与上下游之间的良好的关系、有效的战略联盟、健康的企业文化和企业变革能力

表 5-5　　企业资源与能力竞争分析模型

公司竞争力指标	权重	我司		竞争对手1		竞争对手2		竞争对手3	
		得分	加权得分	得分	加权得分	得分	加权得分	得分	加权得分
政府关系									
市场推广									
销售									
交付速度									
品牌									
解决方案									
……									
合计									

表5-5的填写方法简述如下。

（1）根据竞争所需的各项竞争力指标，列举公司竞争力指标项目6~10项。

（2）根据竞争力重要性设计各项竞争力指标权重。最低权重不低于5%。权重总计100%。

（3）按竞争力指标，逐一给我司和竞争对手打分，采取5分制。

（4）计算并汇总加权得分。

（五）看自己，做到知己知彼

所谓知己知彼，百战不殆。企业在深入了解客户与竞争者的基础上，若能更好地发掘自身的优势与弥补内在的不足，便能更精准地找到企业自身核心竞争力。

企业的核心竞争力表现为一种独特的知识、技能和经验，是创造持续竞争优势的源泉。企业只有形成核心竞争力，才能最终转化为竞争优势。核心竞争力也只有最终转化为竞争优势，才能让企业在激烈的竞争中脱颖而出，并保持持久的竞争力。

企业可以通过关键成功因素分析，识别企业的核心竞争力；企业可以根据企业历史发展沿革挖掘企业成长轨迹，并将成长的要素总结和归纳出来，进而发现企业的核心竞争力。另外，短期的竞争优势，在经过有意识的长期培养之后，也可以成为企业的核心竞争力。

企业也可以使用商业模式画布分析核心竞争力。商业模式画布是用于阐述企业为客户创造价值、提供价值、实现价值增值、实现价值变现等一系列要素及其关系的底层商业逻辑。通过概念化工具形式，可以清晰描述如何将价值主张传递给特定的客户，如何维持客户关系以及企业内部供应结构、成本与收益等内容。商业模式画布模板见图5-8。

商业模式画布包含九大要素。

客户细分：以客户为中心，客户构成商业模式的核心。每一个企业对客户的划分标准不同，每一类细分客户也都有各自的需求。在企业资源有限的前提下，服务哪些细分客户就是一种选择问题。一旦企业做出决策，便需要凭借对细分客户群的深刻理解，设计出相应的商业模式。客户细分群体主要有四种类型，分别是多样化市场、区隔化市场、大众市场、利基市场。

价值主张：企业的产品和服务都是为了满足特定客户群体的需求而设计的，客户之所以选择本企业的产品和服务而非竞争对手的重要原因，就是本企业提供的产品和服务能让客户感受到价值并获得收益。价值主张要素包括定制化、性能、价格、便利性、品牌等。

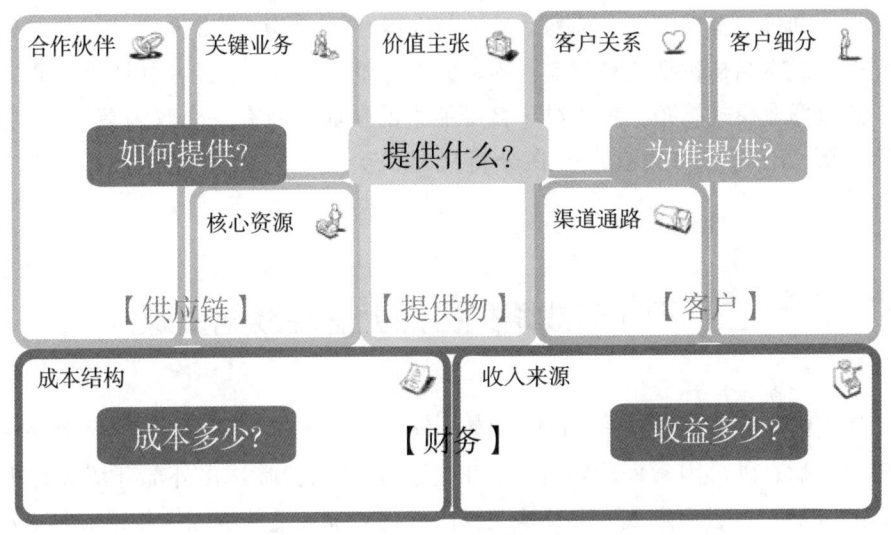

图 5-8　模式画布模板

渠道通路：渠道通路的核心是企业如何与目标客户建立沟通渠道，传达其价值主张，并获得客户的认同。渠道通路形成了客户的沟通界面与客户的接触点，对提升客户体验起到了重要作用。

客户关系：企业的产品和服务是企业与特定客户群体建立关系的方式，客户关系主要包括组织客户关系、关键客户关系和一般客户关系三种类型。

收入来源：企业要知道什么样的价格才能让客户真正愿意付钱，才能从各细分客户群体中挖掘出一种或多种收入来源。每种收入来源都有其不同的定价机制，每种收入来源也都有其不同的获取收入的方式。

核心资源：核心资源能让企业内部组织更具创造力，为客户持续提供价值主张，从细分客户群体获得收入。不同商业模式所需的核心资源都各不相同，其中核心资源可分为实物资产、品牌资产、客户资产、核心人才等多种类型。

关键业务：关键业务也是不断地为客户提供价值主张，从细分客户群体获得收益。不同商业模式所需关键业务是不同的，任何一种商业模式都是由多种关键业务活动组成的。关键业务可分为解决方案、精益生产、构建平台等类型。

合作伙伴：为了不断控制风险与降低市场的不确定性，优化商业模式，以获取特定的资源与业务,合作伙伴关系的建立已成为商业模式成功的基石。合作伙伴关系可分为竞合关系、战略联盟关系、供应商关系等类型。

成本结构:企业经营就是价值创造的过程,包括创造价值、提供价值、实现价值增值和价值变现,这一系列活动都与成本有关。不同商业模式的成本结构是不同的。成本结构包括变动成本、固定成本、盈亏平衡点、经营杠杆等类型。

通过商业模式画布,企业对于自身能力的强弱已经有一个较为清楚的判断。战略分析"五看"中的看自己在分析战略机会点之前,其实是一个做减法的过程。

二、不在非战略机会点上消耗战略资源

使用内部因素评价矩阵(IFE 矩阵)分析,筛选出内部环境关键因素(优势与劣势)后,外部因素评价矩阵(EFE 矩阵)分析,筛选出外部环境关键因素(机遇与威胁),进而形成内部环境关键因素与外部环境关键因素相适应的 SWOT 矩阵。

(一)内外部因素评价矩阵

内部因素评价矩阵(IFE 矩阵)是一种分析企业内部环境的工具,外部因素评价矩阵(EFE 矩阵)则是一种分析企业外部环境的工具。具体如表 5-6、表 5-7 所示。

表 5-6　　　　　　　　　　内部因素评价矩阵

关键内部因素		权重	评分	加权分数
优势	1			
	2			
	……			
劣势	1			
	2			
	……			
总计				

表 5-7　　　　　　　　　　　外部因素评价矩阵

关键内部因素		权重	评分	加权分数
机会	1			
	2			
	……			
威胁	1			
	2			
	……			
总计				

内部因素评价矩阵的建立步骤如下。

（1）从优势和劣势两个方面找出影响企业未来发展的关键因素，数量控制在 10~20 个之间。

（2）赋予每个因素以权重。权重反映该因素影响程度的相对大小，所有因素的权重总和等于 1。

（3）对各关键因素进行评分。其中，评分分为四档，1 分代表重要弱点；2 分代表次要弱点；3 分代表次要优势；4 分代表重要优势。

（4）用每个因素的权重乘以它的评分，即得到每个因素的加权分数。

（5）将所有因素的加权分数相加，得到企业的总加权分数。总加权分数越高，说明企业综合竞争力越强；总加权分数越低，说明企业综合竞争力越弱。

外部因素评价矩阵的建立步骤如下。

（1）从机会和威胁两个方面找出影响企业未来发展的关键因素，数量控制在 10~20 个之间。

（2）赋予每个因素以权重，权重反映该因素影响程度的相对大小，一般机会相较于威胁可以得到更高的权重，所有因素的权重总和等于 1。

（3）通过对各关键因素进行评分，确定企业的当前战略是否能够对各关键因素做出有效反馈。其中，有效反馈按程度不同为四档，最佳反馈为 4 分，最低反馈为 1 分。

（4）用每个因素的权重乘以它的评分，即得到每个因素的加权分数。

（5）将所有因素的加权分数相加，以得到企业的总加权分数。总加权分数高，说明企业能够有效利用产业中的机会，并尽量减少外部威胁的潜在不利影响；总加权分数低，说明企业的战略不能有效利用外部机会或回避外部威胁。

(二) SWOT 分析矩阵

通过外部因素评价矩阵与内部因素评价矩阵分析,可以把企业所面临的机会与威胁、优势与劣势进行汇总,填入图5-9,刻画出企业的全部吸引力,然后对各个要素相互匹配进行组合分析,形成战略选择。

优势与机会(SO)组合战略:优势与机会(SO)组合战略也称为增长型战略,是企业未来重点发展方向。如果一个企业拥有独特的优势,并且外部环境提供了发挥优势的机会,那么就可以采用此战略。

劣势与机会(WO)组合战略:劣势与机会(WO)组合战略也称为扭转型战略,如果一个企业面临外部市场机会,但企业劣势阻碍了其对机会的利用,需要采取措施先加以克服,那么就可以采用此战略。

优势与威胁(ST)组合战略:优势与威胁(ST)组合战略也称为多样化战略,如果一个企业可以利用自身优势,避免或减轻外部威胁的影响,那么就可以采用此战略。

劣势与威胁(WT)组合战略:劣势与威胁(WT)组合战略也称为防御型战略,如果一个企业可以减少内部劣势,避免或减轻外部威胁的影响,那么就可以采用此战略。

外部环境＼内部因素	优势(S)	劣势(W)
机会(O)	优势与机会(SO)组合战略	劣势与机会(WO)组合战略
威胁(T)	优势与威胁(ST)组合战略	劣势与威胁(ST)组合战略

图 5-9 SWOT 分析矩阵

(三) 战略地图与SWOT分析矩阵

企业在进行战略选择时,通过战略地图与SWOT分析矩阵,保持并发挥优势,抓住机遇,避免并改进劣势与威胁,找到战略机会点,那么便可以促进企业可持续发展。战略地图与SWOT分析矩阵见表5-8。

表5-8 战略地图与SWOT分析矩阵

	优势	劣势	机会	威胁
财务	目前财务绩效的优势与劣势		通过增加收入和提高生产率来减少现有业绩和挑战性财务目标之间的差距	保持或提升财务绩效的威胁;影响企业防御性战略的竞争威胁,明确所需改善的范围和速度
客户	客户、竞争对手和市场对企业当前价值定位的优势和劣势		拓展新客户,开拓新市场,改善客户价值定位战略,满足客户需求的机会	来自客户和竞争者的威胁
内部运营	内部流程的优势,优异的地方是什么	内部流程和价值链中薄弱的地方	改善内部流程以抓住机遇	内部流程薄弱引起的威胁
学习与成长	人员、文化、核心竞争力方面的优势和劣势		发展完成战略性优先事项的能力与机会,发展文化和竞争力的机会	由于内部人员、架构、能力和文化等方面的短板引起的威胁和风险

本章小结

◎ 每一个企业的高层或战略管理人员在思考企业战略问题的时候,常会有一种直觉,或者说对行业和外部环境的一种初始预判,比如说如果判断外部环境对企业是有利的,那么在选择资料时会自觉不自觉地选择证明这种有利的关联的一些证据来论证。战略分析中的"五看",通过相对标准化的输出,避免在战略分析过程中的"先入为主"。

◎ **战略**：战略管理方法论与实践 2.0

◎ 看行业，可以从宏观上探寻机会的来源；看市场，可以识别重大市场机会点，形成战略聚焦；看客户，能够清晰知道客户是谁、客户需求等，进而做出购买决策分析；看竞争，可以找到战胜竞争对手的关键要素是什么；看自己，能够做到知己知彼。

◎ 首先，根据看行业（外部环境分析）、看市场（行业竞争分析）、看客户（购买决策分析）的结论输出外部机会与威胁，并使用外部因素评价矩阵（EFE 矩阵）筛选出外部环境关键因素。其次，根据看竞争（竞争对手分析）、看自己（核心竞争能力分析）的结论输出内部优势与劣势，并使用内部因素评价矩阵（IFE 矩阵）筛选出内部环境关键因素。最后，通过战略地图与 SWOT 分析矩阵结合，导出企业的战略机会点，最终形成"力出一孔"的战略聚焦。

第六章 战略定位与战略地图

导读 战略定位是从企业的愿景出发,通过对企业使命分析,描绘企业期望的最理想的发展状态,然后基于差距分析,找到理想与实现的差距,进而通过战略分析找到新的市场机会点。战略定位不能脱离战略分析而一厢情愿,企业各业务既要承接公司战略的落地又要提出自身业务的具体战略目标。

通过战略地图可将企业战略要素可视化,使得战略一目了然。用图形的方式有效地表达企业战略要素及其之间的因果关系,最终形成对企业的战略发展统一的认知,从而在组织内部起到统一思想、厘清战略的效果。

一、战略定位的"三定"与战略控制点

战略定位包括定目标、定方向、定模式。其中,定目标就是确定未来 3~5 年企业要达到一个什么样的发展目标;定方向就是确定企业做什么,不做什么;定模式就是确定市场策略及商业模式。

(一)定目标

战略定位中的定目标是通过对未来 3~5 年的描述,以终为始地设定一组企业的战略目标,而战略目标应该是分年度的具体目标的陈述。战略目标必须是定量的描述,本书建议采用 SMART 原则来描述。

战略目标内容要求主要有:反映企业对发展速度和发展质量的要求;围绕企业愿景的展开和具体化;必须是具体的、明确的、可衡量的目标。

总体发展战略目标包括:发展速度,通常用销售额、销售收入、销售量、销售增长率、市场份额、市场地位等来表示;发展质量,通常用利润、资产收益率、利润率等来表示;发展支撑目标,通常用投入产出比率、人均效益、客户满

意度、资产周转率等表示；核心能力建设（见表6-1）；市场及客户结构目标（见表6-2）。

表6-1　　　　　　　　　　核心能力建设样表

核心能力	核心能力描述	能力建设方法与目标			需要职能部门支持内容
		××××年	××××年	××××年	
1					
……					

表6-2　　　　　　　　　　市场及客户结构目标样表

市场及客户结构		各年度目标		
模块	指标	××××年	××××年	××××年
市场地位及份额目标	新业务新市场开拓			
	市场地位目标			
	市场占有率目标			
客户定位选择	客户定位选择			
客户数量及客户结构	新客户数量/总客户数			
	关键客户/客户群1销售额/占有率			
	关键客户/客户群N销售额/占有率			

（二）定方向

任何组织的资源与能力都是有限的，那么如何在有限的空间内创造最大的价值呢？**定方向便是一种战略聚焦，是企业在想做、该做、能做、可做、敢做之间进行的最优选择。**

1. 业务三层面

企业想保持长期高速增长，就需要将宏伟的远景与长、中、短三个时间层面的具体规划进行有效结合，如图6-1所示。

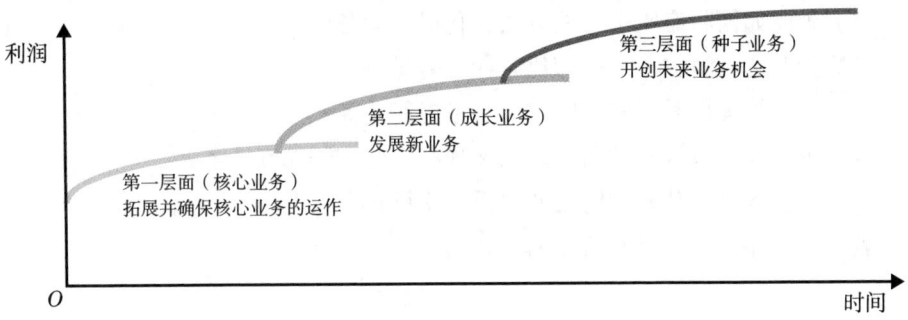

图 6-1　业务三层面示意图

第一层面是企业现阶段的核心业务，这块业务通常被称为"碗里的业务"。企业对这类业务的基本运营已经非常成熟，也是企业现阶段现金流、营业收入和利润的主要来源，并且企业在这类业务中所具有的组织能力已经可以源源不断地为企业带来持续稳定的业务及现金流。这类核心业务的关键议题包括：

（1）企业市场份额是否稳定或处于增长中？
（2）企业是否具有明显的成本优势？
（3）企业在未来几年中，该类核心业务是否仍会有良好的收入与利润？
（4）目前核心业务是否能提供足够的现金流与利润用于投资未来业务？
（5）面对外部环境的变化（新产品、新技术、新工艺等），企业是否能持续稳定其市场地位？

第二层面是企业将要开展的成长业务，这块业务通常被称为"锅里的业务"。这类业务的基本运营方案已经初步形成，市场又处于高速成长阶段，并已经为企业产生了一定的现金流、利润，未来发展前景较为乐观。这类成长业务的关键议题包括：

（1）新业务是否能够吸引创业者加盟？
（2）新业务是否让投资人更有信心？
（3）新业务是否具有良好的市场前景？
（4）投资新业务是否能加速其增长？
（5）新业务与核心业务是否具有相同的经济价值？

第三层面是企业未来的种子业务，这块业务通常被称为"田里的业务"。这类业务暂未真正开始运营，市场仍处于刚刚起步阶段，企业需要不断投入与小范围运作。这类项目一旦发展前景与预期一致或超过预期，将有可能成为第二层面的业务，甚至成为第一层面的业务。这类业务的关键议题包括：

◎ **战略**：战略管理方法论与实践 2.0

(1) 企业如何将有吸引力的方法转化成新业务？
(2) 新业务与过去、未来相比有什么差异？
(3) 企业管理层是否有足够时间来考虑新业务？
(4) 企业如何设计新的组合来拓展现有业务和开拓新业务？
(5) 新业务是否从初始阶段便变得切实可行？

表6-3列举了业务三层面的具体内容。

表6-3 业务三层面的具体内容

	第一层面	第二层面	第三层面
衡量标准	·利润；投资资本回报	·销售收入；净现值	·选择方向的价值
关键成功因素	·注重绩效	·营造创业环境	·独特的竞争优势
员工	·业务维持者	·业务开拓者	·思考者与探索者
所需能力	·自身拥有完整的能力基础（规范的运营管理）	·可以整合或自己发展需要的能力	·能力要求可能不十分清楚
激励理念	·以财务方面为主	·以里程碑为主	·以行为和具体工作为主

此外，我们也应当注意业务三层面的一些常见问题：核心业务出现问题，导致无法提供新业务的运作资金，或过分强调新业务，而导致核心业务出现问题；缺乏对长期业务的思考，导致没有新业务储备；过分强调当期收益，导致没有转化新业务的动力，或由于能力上的欠缺，无法完成新业务的转化。

2. 三层面理论对企业增长的启示

第一个启示：企业核心业务必须突出，通过新产品、新技术、新工艺的升级，不断使企业价值最大化。 在核心业务突出的前提下，促进其他业务多元化发展，寻找下一个核心业务。任何一个行业都有相应的生命周期，当行业拐点出现，且企业已无法再实现规模化扩张时，可借助多元化发展以寻找未来几年新的业务增长点或新的核心业务机会。企业的核心业务是动态的，不是一成不变的，企业家需要具有居安思危的战略眼光。

第二个启示：企业第一层面的业务要有足够的利润，以支撑其他层面的发展。 第二层面的业务以占领市场为主要任务，但也要为下一步盈利做好充分准备。由于该层面的业务处于高速发展阶段，企业要敢于投资，可借助投资组合，增加收益，控制风险。第三层面的业务主要以探索市场空间为主，应以少量投资多个领域或行业、行业内外企业多种形式合作,以控制风险,促使市场朝着有利于企业的方向发展。

第三个启示:优秀的企业应重点考虑如何创造客户需求、发掘客户潜在需求,而不是一味地跟随。这就要求企业在现有市场竞争中,至少在某些方面要明显地优于竞争对手。技术创新与适当超前地引导客户需求结合,既有利于加强现有业务的客户忠诚度,又有利于开拓第二层面业务思路。企业应一切以客户为中心,当某一产品或服务具备了能够不断给客户带来新的独特价值感知的时候,才真正体现了该业务的新的增长点。

第四个启示:企业面临的竞争环境的变化日新月异。在前期发展阶段,很多企业受益于宏观环境或特殊行业政策的影响,未真正形成企业自身核心竞争力。一旦进入经济不景气的年份,如果企业适应能力不强,将很难持续稳定地健康发展。能持续稳定增长的企业,都是善于在经济不景气中寻找新机会的企业。在不景气的大环境下,采用适当的反周期投资、伺机调整与重构行业结构、适时出售部分业务三种方式,可以在一定程度上加速企业未来业务发展,降低对现有业务的依赖,形成良性循环。

(三) 定模式

在战略制定的过程中,应该秉持"大胆假设,小心求证"的原则,以获得更多的创新思路和经验。好的模式可以提升企业核心竞争力与差异化的商业模式能力,为企业带来新的利润增长点。由于企业发展阶段不同,集团战略往往涉及多产业、跨地域、协同管理等问题,这也决定了集团战略与单一企业(分子公司)战略规划存在巨大差异。下面本书将按集团战略与单一企业(分子公司)战略分别进行论述。

1. 集团战略模式定位

集团战略模式定位第一步就是实施战略分析的"五看"(看行业、看市场、看客户、看竞争、看自己);第二步是通过内外部因素评价矩阵与 SWOT 分析,进一步明确集团战略方向选择;第三步,在明确集团战略方向之后,进行产业链设计与管理到可持续发展,解决集团战略模式定位三大难题:选业务问题,管业务问题,可持续问题。本书将这三步称为集团战略模式定位"三板斧",具体如图 6-2 所示。

◎ **战略**：战略管理方法论与实践 2.0

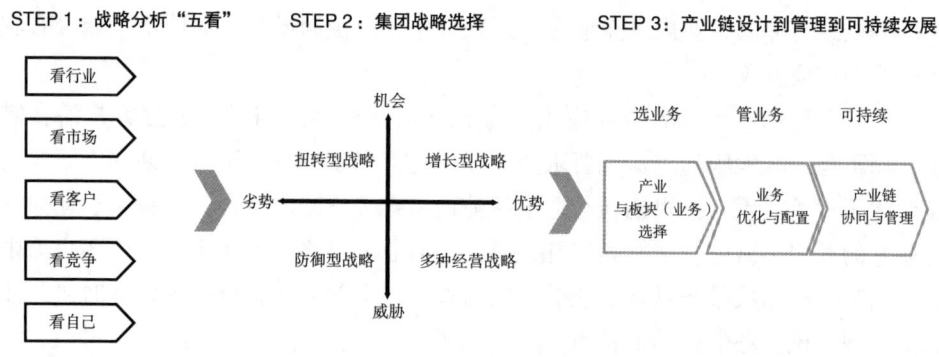

图 6-2 集团战略模式定位"三板斧"

集团战略模式定位难题一：选业务，产业与板块（业务）选择。

集团在进行战略模式定位时，应先确定主业或重点发展产业，并在此基础上确定集团主业相关产业群的发展顺序。在集团所确定的产业范围内，应围绕行业价值链等分析工具，选择本集团各主要产业分别涉及的业务板块。原则上，主业须实现纵向一体化的全产业链布局。集团在确认各业务板块后，可以借助各种分析工具，对现有的业务进行选择，同时确立有必要进入的新业务领域。

集团战略模式定位难题二：管业务，业务优化与配置。

明确集团各具体业务后，集团主要通过八种方式（收购、分拆、重组、联盟、新建、合资、剥离、外包）对选定业务进行优化，目标是使各业务均能符合集团发展并适应市场竞争的需要，使各业务做大、做强、做优。集团将承担各项业务发展的法人主体，依据产业链纵向一体化布局、资本运作需要等因素，将各业务单元合理配置到各业务板块与产业群，使业务配置实现价值最优与产业协同效应。

集团战略模式定位难题三：可持续，产业链协同与管理。

接下来，集团应依据各产业群类别，对各产业群实施产业链管理，使各产业群能够实现内部协同，并有效整合外部产业链环节，提升产业链竞争能力。

2. 单一企业（分子公司）战略模式定位

与集团战略一样，单一企业（分子公司）战略模式定位的第一步就是战略分析的"五看"（看行业、看市场、看客户、看竞争、看自己）。第二步，在"五看"的基础上，通过三种基本竞争战略，进一步明确单一企业（分子公司）战略方向。第三步，明确战略方向之后，进行商业模式设计或重构，确定企业独特的价值主张，将企业独特的价值主张反映在企业的研产供销的主价值链上，这些

第六章 战略定位与战略地图

主价值链加上三大支撑价值链（人力资本、信息资本、组织资本），就形成了单一企业（分子公司）战略，具体如图 6-3 所示。

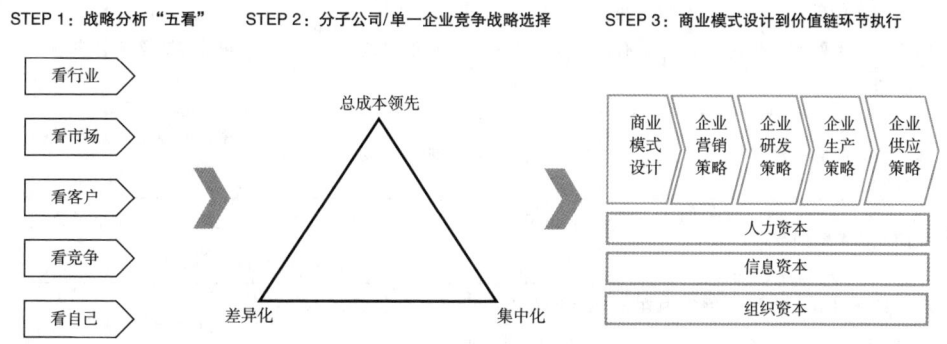

图 6-3 单一企业（分子公司）战略模型

三大基本竞争战略主要是指总成本领先战略、差异化战略和集中化战略。

总成本领先战略是指企业通过降低成本，使其总成本低于竞争对手，从而获得竞争优势的战略（见表 6-4）。

表 6-4 总成本领先战略的使用要点

适用条件与组织要求	策略的收益	策略的风险
现有企业的价格竞争异常激烈	抵挡竞争对手的攻势	大幅降价引起利润降低
所处产业产品是标准化或同质化	抵御购买者讨价还价的能力	新加入者的后来居上
实现产品差异化的途径很少	更灵活地处理供应商的提价行为	丧失对市场变化的预见能力
多数消费者使用产品的方式相同	形成进入障碍	技术变化降低企业资源的效用
消费者的转换成本低	树立与替代品的竞争优势	容易受外部环境的影响
消费者具备较大的降价谈判能力		
低成本的分销系统		

差异化战略是指在激烈的市场竞争中，企业最终通过产品性能、质量、服务、品牌等方面的竞争，形成与竞争者的区别的战略（见表 6-5）。

057

表 6-5　　　　　　　　　　差异化战略的使用要点

适用条件与组织要求	策略的收益	策略的风险
有很多途径创造与竞争对手产品间的差异，这种差异被客户认为是有价值的	建立起客户对企业的忠诚	可能丧失部分客户
客户的需求是有差异的	形成强有力的产业进入障碍	用户所需的产品差异的因素下降
采用此类策略的竞争对手少	增强了企业对供应商讨价还价的能力	大量的模仿缩小了感觉得到的差异
科技日新月异，市场竞争集中在不断推出新产品	使购买者具有较高的转换成本，使其依赖于企业	过度差异化
企业有强大的研发能力	采用差异化战略，使购买者缺乏产品的可比性，从而降低购买者对价格的敏感度	
企业各部门、渠道、人员间有良好的协调能力		

集中化战略是指企业将能力与资源集中在一个或几个特定领域或目标市场，围绕特定的目标展开特殊的价格策略或个性化定制服务的战略（见表6-6）。

表 6-6　　　　　　　　　　集中化战略的使用要点

适用条件与组织要求	策略的收益	策略的风险
拥有完全不同的用户群体，且有不同的需求或使用习惯	便于集中整个企业的力量，更好地服务某一特定的目标	客户偏好变化，技术创新或替代品出现，这部分市场对产品服务需求下降
在相同的目标细分市场，竞争对手不会使用集中战略	更加系统调研与产品有关的客户、市场、竞争对手、技术等方面的情况	竞争对手进入企业现有的目标市场，并且采取了比现有更加集中战略
企业有限的资源无法追求更多细分市场	战略目标更加聚焦，战略管理过程可控，从而带来管理效率的提升	小批量、多批次，造成企业成本上升
由于不同的细分领域在规模和盈利能力等方面的差异，使得某些细分领域更具吸引力		

在实际操作中，除了使用以上单一战略，也存在两种竞争战略并存的理想状态。

成本领先兼顾差异化：当企业规模处于行业领先地位时，无论从市场占有率、品牌、技术，还是影响力等方面，竞争对手短期时间都很难替代其地位时，应该在不断降低产品成本的同时，提升其差异化形象。

以成本领先扩张、以差异化立足：当一个新兴产业前期的竞争格局未真正形成时，企业可以通过低成本迅速占领市场，但必须清醒地认识到光靠低价与先机占领的市场，终将被资金实力雄厚价格更低的竞争对手，或同样功能产品质量更好的竞争对手打败。所以企业以低成本迅速占领市场的同时，一定要注重产品质量、品牌形象、服务水平等，树立企业差异化特征，使其在未来激烈的市场竞争中保持领先地位。

（四）战略控制点

通过战略分析的"五看"与战略定位"三定"，最终的落脚点是形成战略控制点。战略控制点通常是支撑价值定位和实现长期可持续发展的关键因素。设计战略控制点可以从成本领先、产品卓越和客户亲密三个维度出发。

对应企业价值链分析，成本领先主要体现在采购、生产和物流环节，产品卓越主要体现在规划与研发环节，客户亲密主要体现在营销环节。值得说明的是，这里说的成本领先、产品卓越和客户亲密都是站在客户的视角而言，并非对企业自身而言。

在《发现利润区》一书中，战略控制点的类型包括品牌、专利、版权、产品开发领先速度、成本优势、分销渠道控制、供应控制、拥有客户信息流、独特的企业文化、价值链控制等。该书中还把战略控制点分为如表6-7所示的四个层级。

表 6-7　　　　　　　　　　　战略控制点的层级

保护能力	指数	战略控制点	价值定位模型
高	10	制定行业标准	更高价值
	9	管理价值链	
	8	市场领导地位	客户亲密
	7	拥有客户关系	
中	6	品牌、版权壁垒	产品卓越
	5	技术领先一年	
低	4	功能、性能领先	成本领先
	3	10%~20%的成本优势	
无	2	具有平均成本	更低价值
	1	无优势	

二、战略地图，打通战略到执行的闭环

战略地图—平衡计分卡是美国著名绩效管理专家罗伯特·卡普兰和戴维·诺顿开发的战略绩效管理工具。作为管理和描述战略目标的绩效管理工具，战略地图从财务、客户、内部运营、学习与成长四个层面衡量企业绩效（见图6-4）。

战略地图的最大益处在于沟通战略。 突破性成果=描述战略+衡量战略+管理战略。如果不能描述，那么就不能衡量；如果不能衡量，那么就不能管理；如果不能管理，自然无法完成目标。

第六章 战略定位与战略地图

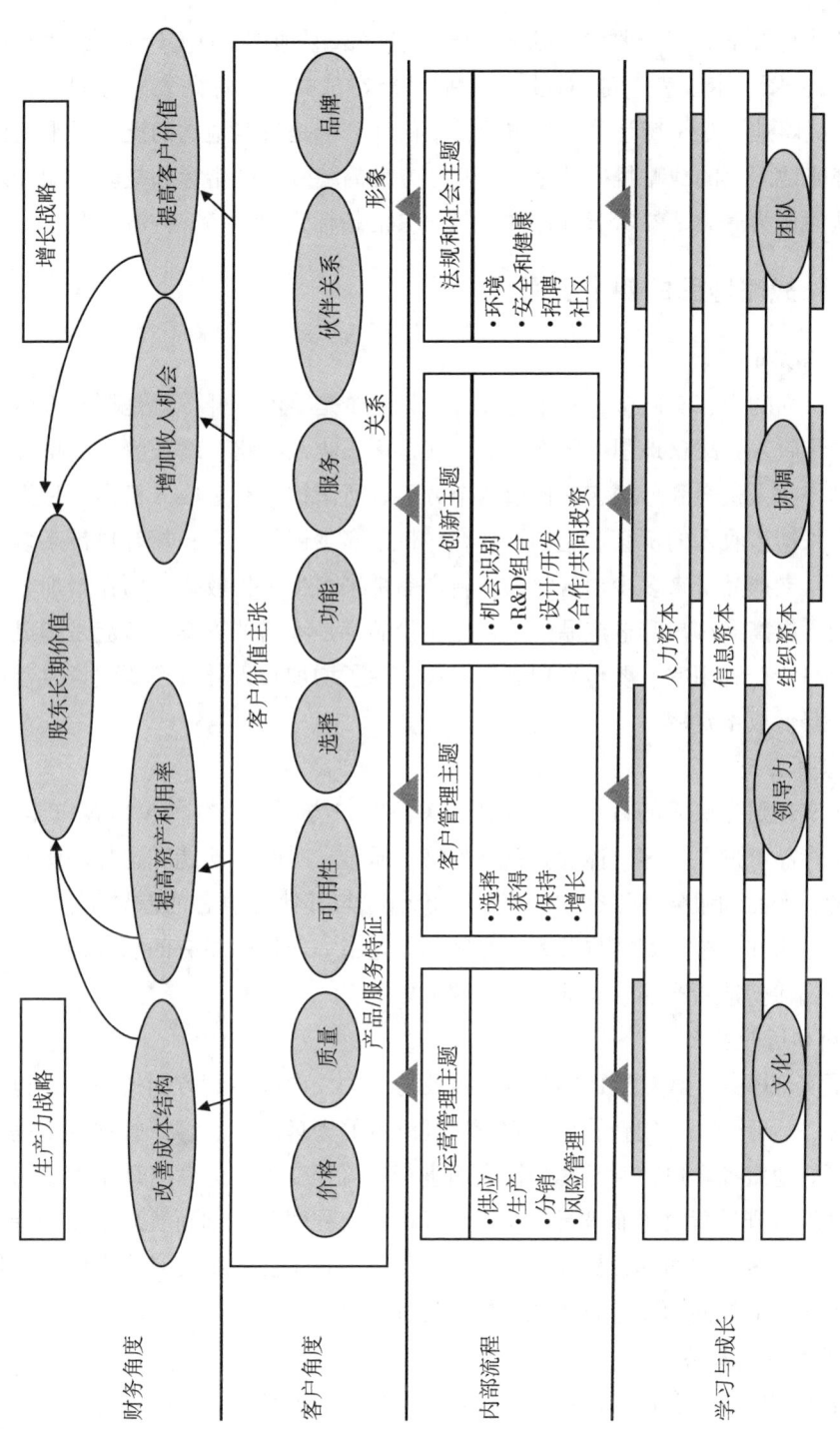

图 6-4 战略地图原型

成功执行战略的三个要素包括图、卡、表（战略地图+平衡计分卡+战略行动计划表）。图、卡、表（战略地图+平衡计分卡+战略行动计划表）之间具有如下关系：战略地图是平衡计分卡的本源，平衡计分卡是战略地图的反映，平衡计分卡将战略地图上的战略目标转化为一套全方位的绩效量度指标和战略行动计划方案，从而作为后续 KPI 等日常绩效考核工具的指标来源和考核内容来源。

（一）战略地图的四个层面

1. 财务层面

财务层面的内容有两个，一个是开源，另一个是节流。开源就是哪些方面可以增加销售收入，战略地图上与之对应的就是增长收入战略。增长收入战略又包括扩大销售收入机会和增加客户价值两个方面。所谓扩大销售收入机会，是指寻找可以带来销售收入的机会。比如，老客户带来多少销售收入，新客户带来多少销售收入；老产品带来多少销售收入，新产品带来多少销售收入。而在增加客户价值方面，提高老客户和老产品的收入比重份额都是不错的方案。节流是指成本控制和提高资产利用率。要想实现利润目标，除了增加收入外，还要注意改善成本结构，降低成本费用。

2. 客户层面

为了实现财务层面的目标，需要持续关注客户方面的内容，包括客户体验、客户关系和品牌形象。客户体验是指从价格、质量、时间、功能和选择的多样性角度思考，产品和服务能为客户带来什么价值，与其他竞争者的差异是什么等。客户关系是指如何维护好客户关系。品牌形象是指如何提升现有的品牌知名度和美誉度，如何塑造新产品、新业务的品牌形象等。

3. 内部运营层面

为了实现财务、客户层面的目标，需要持续关注内部运营方面的内容，包括客户管理、运营管理、创新管理、政策法规维度的管理提升。客户管理维度是指企业为更好地服务客户，满足客户需求而进行的流程变革。运营管理维度是指企业为更好地提升运营效率而进行的关键业务运作流程变革。创新管理维度是指企业为更好满足客户层面的目标而进行的流程变革。政策法规维度是指企业为降低客户投诉等方面的问题而进行的风险控制流程变革。

4. 学习与成长层面

为了实现财务、客户、内部运营层面的目标，需要持续关注学习与成长方面的内容，包括人力资本准备度、信息资本准备度和组织资本准备度。人力资本准备度是指企业对人力资源进行有效配置，使人力资源的数量和质量达到前三个层面目标的要求。信息资本准备度是指企业利用信息技术降低沟通成本，从而提高工作效率。组织资本准备度是指企业对企业文化、领导力、团队协作等方面提升，从而提升组织氛围。

（二）绘制战略地图的六个步骤

1. 确定股东价值差距

首先确定高层财务（或使命）目标和指标，其次确定目标值和价值差距，最后把价值差距分配到增长和生产率目标。

具体操作：首先，确定战略目标，如追求持续盈利能力、投资回报最大化。"战略目标"格式：行动（动词）+描述（形容词）+结果（名词），如追求持续盈利能力、投资回报最大化。其次，确定增长战略、生产力战略的实现方式。

输入信息来源：企业文化（使命、愿景和价值观）、战略目标、差距分析、战略分析（看行业、看市场、看客户、看竞争、看自己）等。

注：用箭头标出各个财务目标（具体如图6-5财务层面所示），以及财务目标和战略之间的关系。

2. 调整客户价值主张

首先阐明目标细分市场与客户价值主张，其次选择指标，最后使客户目标和财务增长目标协调。

具体操作：根据战略和财务目标确定客户价值主张。

输入信息来源：战略分析（看行业、看市场、看客户、看竞争、看自己）、商业模式画布等。

注：用箭头明确客户价值主张和财务目标之间的关系（具体如图6-5中财务层面和客户层面所示）。

3. 确定价值提升时间表

首先制定缩小价值差距的时间表，其次把价值差距分配给不同的战略主题。

具体操作：确定价值提升的时间表的主要目的是流程层面和学习成长层面的目标做准备，不具体体现在战略地图中。

4. 确定战略主题

首先确定对战略实现有重要影响的少数关键流程（战略主题），其次设定指标和目标值。

具体操作：基于财务目标和客户价值主张确定战略主题。战略地图里的第三个层面,寻找关键流程,明确短期、中期和长期各做什么事。

输入信息来源:业务思想、行业关键成功因素分析、SWOT 分析、内外部因素评价矩阵分析、价值链等。

注:用箭头标出战略主题和客户价值主张之间的关系,以及战略主题和财务目标之间的关系(具体如图 6-5 中财务层面、客户层面和内部运营层面所示)。

5. 提升战略资产准备度

首先确定支持关键流程所要求的人力、信息和组织资本,其次评估支持战略资产准备度,最后确定指标和目标值。

具体操作:对企业现有无形资产进行战略准备度分析,有没有关键流程的支持能力,如果没有,找出提升的途径。

输入信息来源:SWOT 分析、内外部因素评价矩阵分析、价值链等。

注:用箭头标出战略资产准备度和战略主题之间的关系(具体如图 6-5 中各层面所示)。

6. 确定战略行动方案及资金保障计划

首先确定支持业务流程和开发无形资产的具体行动方案,其次确定并筹集战略执行所需资金及其他资源。

具体操作:根据前面各步骤所得,建立战略重点需求分析表(具体见表 6-8)。

第六章 战略定位与战略地图

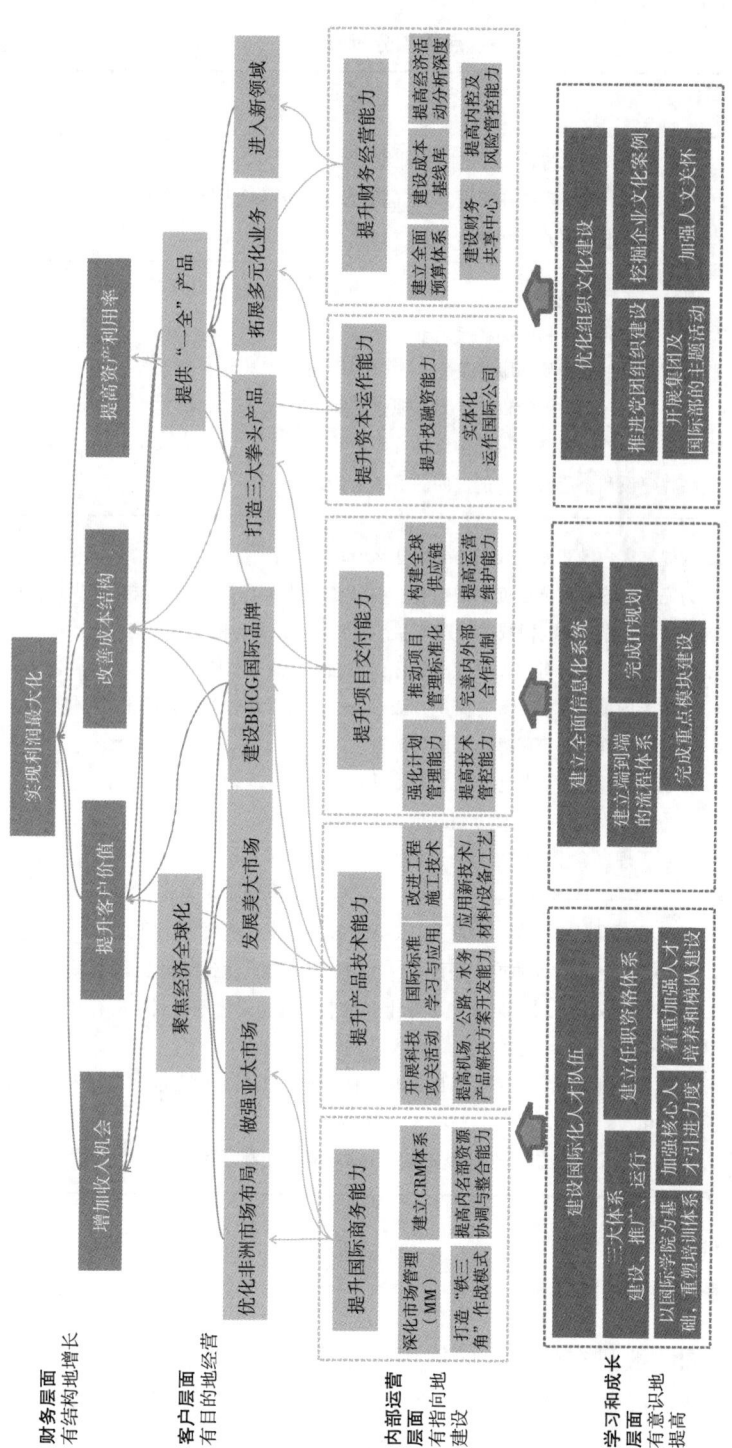

图 6-5 战略地图之各层面示意

表 6-8　　　　　　　　　　战略重点需求分析表

不同层面	重点需求
财务层面	1. 股东希望我们取得什么样的财务业绩？ 2. 快速增长的主要来源在哪里？（产品组合、业务区域、客户分布） 3. 成本、费用方面的目标是什么？
客户层面	1. 内外部客户有哪些？ 2. 如何使外部客户和内部客户满意？ 3. 为客户提供的产品和服务是什么？（质量、成本、形象、关系等） 4. 为内外部客户提供的价值主要体现在哪里？ 5. 如何对内外部客户提供的价值进行衡量？ 6. 品牌建设和企业形象塑造方面的目标是什么？
内部运营层面	1. 为提高客户满意度，我们需要做什么？ 2. 为完成客户和财务层面的战略目标，我们应当关注的重点工作有哪些？为达成战略目标，有哪些关键领域需特别关注？需要采取什么样的行动方案？ 3. 为完成客户和财务层面的战略目标，面临的挑战有哪些？ 4. 为改善内部运营，需要在哪些方面进行提升？需要对哪些流程和制度进行优化？ 5. 在内部协作方面有哪些方面需要改进？ 6. 在创新和研究方面的重点工作有哪些？ 7. 在市场开发和客户管理方面的重点工作有哪些？ 8. 风险管理（含生产安全）有哪些？
学习与成长层面	1. 员工需要具备哪些专业的素质、知识和技能来支撑战略目标的实现？ 2. 下一步信息化建设的重点是什么？利用信息化建设达到哪些方面的目标？ 3. 描述企业文化，对该企业文化持什么观点？企业文化是否利于向客户提供价值并获取业务成果？ 4. 在落实企业文化方面需要开展哪些方面的重点工作？如何进一步深入传播和落实企业文化？ 5. 哪些组织资本是达到战略最关键的？需要对哪些制度和流程进行优化？

（三）战略地图分类

虽然战略地图一般只在公司层面使用，但其实把它当作一个管理和思维工具，亦可用于事业部或者部门层面。换句话说，对于多元化的集团型企业，不同的独立的事业部、业务单元、分子公司也可以使用各自独立的战略地图。同样，对于职能部门，也可以将企业要求的某一个具体部门承担的战略任务，通过战略地图分解明确，方便在部门内部传达和执行战略。

当然，如果一个企业每个层次都有各自的战略地图，不同层级的战略地图之间的重点关注肯定会有不同，不同层级涉及的宏观和微观颗粒度亦会有所侧重。

集团战略地图重点关注：集团未来需要做什么样的业务，以何种方式进入何种产业，集团总部如何处理旗下多元化的业务单元关系并创造协同效应等。

业务单元战略地图重点关注：如何在集团战略的指导下，在业务单元落实集团的战略意图。比如多业务线企业可以使用战略地图，来表达某一个独立品牌的规划，称为品牌战略地图。

职能战略地图重点关注：如何在各职能的操作上支持上述两个层面的战略。

本章小结

◎ 战略定位包括定目标、定方向、定模式。其中，定目标就是确定未来3~5年企业要达到一个什么样的发展目标；定方向就是确定企业做什么，不做什么；定模式就是确定市场策略及商业模式。

◎ 解决集团战略模式定位三大难题：选业务问题、管业务问题、可持续性问题。解决单一企业（分子公司）战略模式定位的三大基本竞争战略为总成本领先战略、差异化战略、集中化战略。

◎ 战略地图的最大益处在于沟通战略，突破性成果=描述战略+衡量战略+管理战略。

第七章 战略执行

导读 年度经营计划是企业战略执行的载体。企业的中长期战略目标，必须要分解为年度经营计划，并落实到各部门的目标与行动措施中，才能得到战略执行保障。

一、"六步三招"打造年度经营计划

年度经营计划是指企业为了实现其战略目标而制定的年度目标、计划及行动方案。要解决年度经营计划与战略执行脱节的问题，重点在于打通年度经营计划、战略性预算管理、组织绩效体系，以支撑企业整体战略目标的实现。

（一）有效制订年度经营计划的六步

通过战略地图对企业中长期战略发展目标进行解读，并根据中长期战略分解的年度经营目标和上一年度经营目标完成情况，总结和提炼出下一年度企业经营计划的目标和经营策略。不仅可以保证中长期战略与年度经营分解目标执行的一致性和连贯性，还可以明确本年度关键衡量指标及目标值。为此，各部门应根据企业年度经营目标和策略，制订本部门的年度计划，分解关键行动措施，列出年度重点工作和关键资源需求。

1. 步骤一：解读战略发展要求

经营管理部门必须理解企业发展战略，输出发展战略对年度经营计划的要求并加以宣传和贯彻，以确保年度经营计划中的经营目标和策略与企业战略发展要求相符。如果企业没有明确的中长期发展战略，则经营管理部门需与企业负责人及主要部门负责人进行沟通，对企业中长期发展的方向和要求进行梳理和澄清，并对年度经营计划提出具体指导和要求，而不能等到年度经营计划报告最后评审时，企业负责人才在评审会上提出一系列要求，导致前期各项工作的低效甚至无效。

2. 步骤二：上一年度经营总结

上一年度经营总结的核心是找差距，包括年末与年初目标的差距、与竞争对手的差距、与客户要求的差距等，且必须实事求是，用数据说话，不能避重就轻。此处应注意，若企业没有在第三季度开展中长期战略规划，则在这一工作之前还需开展外部环境分析，发现外部存在的机会和威胁。

召开年度经营计划研讨会时，应充分研讨，而非闭门写报告。不少企业将设立年度经营计划变成了一个总结报告撰写并提交的过程。即先由经营管理部门（如总裁办等）发出通知，要求各个部门提交一份年度经营计划报告，然后经营管理部门汇总各部门的经营计划报告，形成企业年度经营计划报告，报总经理审批。这样做的结果，就使重要的年度经营计划变成了由企业及各部门几个文笔较好的文员撰写的书面报告，没人关心和重视，完全没有发挥年度经营计划本应有的价值。

为了进行充分的研讨，企业应至少要腾出3天时间，组织中高层封闭式研讨3天，对企业年度经营计划进行充分的讨论。研讨会的召开需要注意以下几个方面。

（1）企业一把手及一级部门负责人必须参加会议。

（2）会议地点尽量远离公司，使参会人员能专心投入研讨会。

（3）提前沟通确定关键研讨议题并发给参会人员，让参会人员做好准备，同时每个研讨议题需指定一个负责人组织研讨，并输出最终的研讨结果。

（4）年度经营计划的组织部门应提前准备好必要的信息，如行业发展趋势、本年度经营达成情况信息、企业战略报告等，作为研讨前的信息输入。

（5）可以邀请第三方参与企业年度经营计划的研讨，这个第三方可以是行业内的专业人士，也可以是专业咨询顾问等，其主要作用是让其以第三方的角度给出参考意见。

3. 步骤三：确定年度经营目标

年度经营目标来源于企业中长期战略的分解以及中长期战略举措的要求，包括财务性指标和非财务性指标。财务性指标主要有营业收入、利润等，非财务性指标则包括关键的客户类指标（如市场份额）、内部运营类指标（如研发能力提升）、学习成长类指标（如员工收入增长）。

其中，财务类指标务必要进行层层分解，特别是收入指标，必须要有分解，要与营销部门充分讨论，确保收入目标的可行性，而不仅仅是一个总体目标数据。面向企业客户要分解到客户或项目,面向个人用户要分解到细分渠道或项目。设立利润目标时要有毛利提升、费用控制指标值作为支撑。

非财务类指标要承接企业中长期发展战略举措的落地要求,如企业在中长期战略举措中有提升研发能力、快速响应客户需求的要求时,则在内部运营类指标中,需要相应设立缩短产品开发周期的目标。

制订年度经营计划的核心是年度经营目标的制定。一个好的年度经营目标,能够很好地起到凝聚团队、激励人心的作用,让各部门工作有的放矢、高效协同;相反,一个不好的年度经营目标,只会让各部门互相推诿、无效工作乃至浪费资源。科学合理的经营目标是保障计划顺利落地的前提。

(1)科学合理的年度经营目标应具备如下特征。

不能仅限于财务目标,还需包括非财务目标:很多企业在制定年度经营目标时,最常犯的一个错误是只关注财务目标,只将重点放在营业收入和净利润,而忽视了支撑财务目标实现的其他关键能力提升目标,这会导致在分解年度经营目标、制定关键行动措施时,过于关注财务的达成情况,而忽视了能力提升。

指标数量10个左右为宜、不宜过多:公司级的年度经营目标必须明确最为核心、关键的指标,数量不能过多。公司级的年度经营目标的衡量指标,10个左右最为合适,指标过多会导致目标牵引缺乏重点,指标过少则不能完全体现经营目标,无法真正牵引战略目标的达成。

各指标之间具有关联关系:年度经营目标中的各指标及目标值之间,需具备因果关联或支撑关系,不能毫无关联甚至互相矛盾。所以,企业在制定出年度经营目标初稿后,需要检视各指标之间的关联性及因果关系,确保其科学合理。

必须具备可数据量化的衡量指标:年度经营目标必须具有可数据量化的衡量指标,不能只是定性的描述。

目标值必须是激动人心的:在制定年度经营目标的具体数值时,目标值必须能激发员工的动力,让员工为实现目标充满希望和期待。

对于年度经营目标的表述,有的人认为就是一个具体的数字,比如销售收入100亿元、市场份额达到25%等;有的人则认为是一个定性的描述,比如提升客户满意度、提高市场份额等。准确描述年度经营目标有利于各部门及员工很好地理解,而科学合理的年度经营目标描述应主要包括三个部分:定性的描述+量化的衡量指标+具体目标值。

如表7-1所示,定性的描述建议采取动宾结构,比如"实现规模持续稳定增长""提高市场占有率"等,其代表的是经营的方向或要求;量化的衡量指标则可分别为营业收入、收入增长率或市场份额等;具体目标值应为具体的数字,如营业收入的目标值可以是100亿元、增长率的目标值可以是15%、市场份额的目标值可以是25%等。

表 7-1　　　　　　　　　　年度经营目标描述示例

定性描述	衡量指标	目标值
实现规模稳定增长	营业收入或收入增长率	100亿元或不低于15%
提高市场占有率	市场份额	25%
……	……	……

(2) 科学合理的年度经营目标的制定依据。

制定年度经营目标之前,一定要完整解读中长期战略规划对年度经营目标的要求,包括中长期战略规划报告中已经量化的指标,或者中长期战略举措落地对年度经营目标的要求。对此,制定年度经营目标的部门和人员应多与企业高层领导团队沟通,理解高层领导团队对企业未来一年发展的期望;再由营销部门对未来一年多订单进行客观预测,了解市场实际情况,以便更准确地确定企业收入规模目标。

(3) 科学合理的年度经营目标的制定步骤。

在制定年度经营目标时,建议使用战略地图和平衡计分卡工具,从财务、客户、内部运营、学习成长四个层面,解读企业中长期发展战略对年度经营发展的要求,并以此提出具体的年度经营目标的定性描述。战略地图和平衡计分卡工具对制定科学合理的年度经营目标有两大价值:一是可以应用战略地图解读中长期战略对年度经营发展的要求,二是可以检测年度经营目标之间的逻辑关系。

针对每个经营目标的定性描述可设置相应的衡量指标及目标值,以上四个层面的衡量指标合计10个左右为宜,不宜过多。如果指标较多,则需要进行指标筛选,选出最重要的指标,然后确定每个衡量指标的目标值。

4. 步骤四:制定经营策略

经营策略是指实现年度经营目标的具体策略,包括营销策略、研发策略、交付策略等。如年度经营目标确定收入要增长20%的目标,则需要确定实现确保收入增长20%的策略,包括可能贡献收入增长的产品策略、销售策略、渠道策略、客户策略等。如果年度经营目标确定毛利率需要提升5%,则同理需要制定相应的策略,如提升产品售价、降低制造成本等。

5. 步骤五：明确关键衡量指标及目标值

关键衡量指标及目标值是指对经营策略是否执行到位、能否支撑目标实现的量化。比如，收入增长可能有新产品推广策略、区域市场精耕细作策略，相应地，需要对新产品推广确定关键衡量指标及目标值，如新产品推出的时间、预计实现的销售收入等。很多企业制定的经营策略，没有量化的衡量指标及目标值，因此最终是否执行到位无法评估。

借助专业的方法工具（如战略地图、平衡计分卡）可以更好地明确关键衡量指标及目标值。战略地图在上一章已经做过详细介绍了，本章将介绍如何从战略地图分解到平衡计分卡、行动计划表，以实现真正图、卡、表的统一。部门年度工作计划的编制，可以应用战略地图和平衡计分卡工具，也可以绘制部门战略地图，指引部门及协调部门下属各模块和员工的工作计划（见图7-1）。

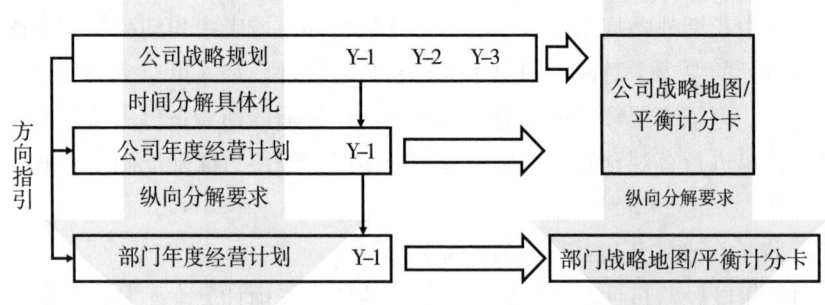

图 7-1 企业战略规划、年度经营计划与平衡计分卡融合

推动企业战略规划、年度经营计划与平衡计分卡的融合有利于企业战略规划和年度经营计划的制订和分解。通过公司级战略地图可以直观、简洁地展示企业战略规划的要点，使用平衡计分卡则可以进行当年度（Y-1）企业年度计划的有效分解。使用平衡计分卡进行部门年度（Y-1）计划的分解，有利于统一管理方法、语言，并且强化企业与部门、部门与部门之间的协同。对于制订年度经营计划能力薄弱的企业，则建议聘请第三方咨询公司或专家参与，为其提供专业的年度经营计划工具、模板并给予辅导。

开展部门平衡计分卡研讨会的目的和内容。首先，基于公司级或上级部门的战略地图、平衡计分卡，设定本部门战略目标；其次，根据设定的本部门战略目标,确定内在要素之间的逻辑关系,绘制战略地图并描述本部门战略;再次,根据部门战略地图和战略目标,对绩效指标进行筛选,并从指标特性、计算公式、数据来源等方面对各指标进行综合分析;最后,通过战略目标、指标分析,得出本部门业务及管理发展的行动方案,并建立动态改善机制。

(1) 部门平衡计分卡的开发模式。部门平衡计分卡主要有以下三种开发模式。

① 部门协同开发模式:从支撑企业战略、服务客户、部门职责和流程出发,业务单元与管理服务部门协同开发部门平衡计分卡(见图7-2)。

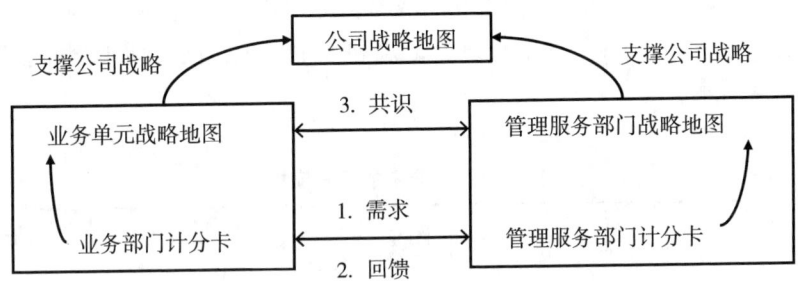

图 7-2　业务单元与管理服务部门协同制定平衡计分卡

② 客户视角开发模式:业务部门从客户视角开发平衡计分卡(见表7-2)。

表 7-2　　业务部门从客户视角开发平衡计分卡要点

财务	客户	内部运营	学习与成长
客户(外部/内部)公司或部门的财务目标如何转化到公司相关部门	客户(外部/内部)是谁? 客户(外部/内部)的具体需求和目标是什么?	客户(外部/内部)公司或部门目标如何应用于业务部门的业务?具体应用在哪些方面?要取得成功,哪些业务流程最重要?	什么技能、文化、信息的要求对实现客户(外部/内部)公司或部门的财务目标最为重要?

③ 内部视角开发模式:从解决内部管理服务的问题视角出发,由管理服务部门开发平衡计分卡(见表7-3)。

◎ **战略**：战略管理方法论与实践 2.0

表 7-3　　　　　　管理服务部门从内部视角开发平衡计分卡要点

财务	客户	内部运营	学习与成长
管理服务部门如何对成本、收入、利润或是资产使用作出贡献？	谁是内部客户？内部客户的需要和期望是什么？	用于满足内部客户需要和期望的职责和内部流程需要达到的目标是什么？	什么样的技能和信息系统可以支撑企业业务发展？如何对企业文化方面的目标作出贡献？

部门平衡计分卡设计说明：将部门战略目标（O）、衡量指标（M）、目标值（T）、行动方案（P）等关键信息进行汇总和直观展现，同时便于全面管理，具体如表 7-4 所示。

表 7-4　　　　　　　　部门平衡计分卡的开发模板

层面	战略目标（O）	衡量指标（M）	目标值（T）	权重	行动方案（P）	责任部门
财务						
客户						
内部运营						
学习与成长						

（2）部门行动方案的开发说明。

① 大多数的行动方案都是通过对客户、内部流程和学习成长类目标和指标的支撑，间接促进财务类目标和指标的达成。

② 所有的行动方案都要求支撑一个或多个衡量指标或战略目标，行动方案对各个战略目标和指标的支撑作用是判断行动方案关键性的重要依据。

③ 一个关键的行动方案应对部门流程与职能起到有效的支撑作用，对于支撑的流程环节较多、支撑了关键流程环节（劣势/获取优势的关键）、支撑力度较大的行动方案，应尽早实施。

④ 以解决部门工作的难点为前提，提出所有可能的方案，形成"行动方案清单"，以便于下一步的方案分析、评估和筛选。

⑤ 建议不要规划时间跨度太长的行动方案，将行动方案尽可能地限定在以季度为周期的时间范围之内。

6. **步骤六：分解关键行动措施**

关键行动措施是对经营策略的进一步细化，是对经营策略实施所需要输入的资源、过程管理、输出管理等的分解。如新产品推出策略，则需要细化到新产品的策划、新产品的研发、新产品的上市、新产品的市场推广促销等一系列的行动措施并明确责任部门、完成时间等，以确保经营策略的落地。

一级部门应制订部门年度工作计划，将企业关键行动措施变成可实施的行动方案。企业的经营策略及行动措施，只有转化为各个对口责任部门的行动方案，才能具备可执行性。因此，在确定完公司级的年度关键行动措施后，必须组织一级责任部门制订部门年度工作计划。

制订部门年度工作计划有如下七个步骤。

（1）站在全局视角提出部门定位和价值。

部门定位和价值是企业赋予部门的工作职责以及支撑企业发展需要发挥的部门工作价值。

作为企业的一级部门，在规划年度工作计划时，首先要确定好部门在企业的定位和价值，定位来自企业对部门职责的要求，而价值来自部门在企业整体年度规划中需要发挥的作用。这就需要部门负责人仔细去理解企业对于未来一年发展的总体布局，而不能只站在部门的角度来思考部门的定位和价值。这个定位和价值的提取非常重要，展示的是部门未来一年工作的总方向。提取部门定位和价值要点的方法如图7-3所示。

图7-3 提取部门定位和价值的要点

(2)部门工作总结。部门工作总结是对部门上一年度工作执行情况的总结，以便客观正确地认识部门的收获与不足，而认识不足正是为了找到关键改进点。撰写部门工作总结时应注意以下几项要点。

控制好篇幅：总结篇章部分占部门总结计划报告总篇幅的20%左右比较合适，如果超过1/3则会显得太多，当然篇幅太短甚至不做总结也不合适。

少讲成绩，多谈不足：这也在一定程度上反映了部门负责人对部门工作、对自己是否有足够的信心，越有信心的部门，则越敢谈部门的不足；反之，越没信心，越希望用成绩来掩饰信心的不足，结果也会越适得其反。

多找自身原因，并提出改善的思路：对于不足的原因分析，要多从自身部门出发，少讲或尽量不讲外部原因；针对每个不足，要提出改善的思路，让高层管理者知道，虽然部门存在不足，但预期可以在未来得到改善。

要表现出积极的态度：即使外部环境不好，也要用这种表述表达部门对自己和对企业的信心。

(3)部门工作目标。在确定了部门的定位和价值后，接下来就要制定清晰的部门工作目标。在制定部门工作目标时，一定要把握一个原则，即部门的工作目标来自对企业经营目标的分解，来自企业战略与经营规划对部门提出的要求，同时也要考虑本部门的关键职责以及关键改善领域。总结了一些部门工作目标的来源，如图7-4所示。

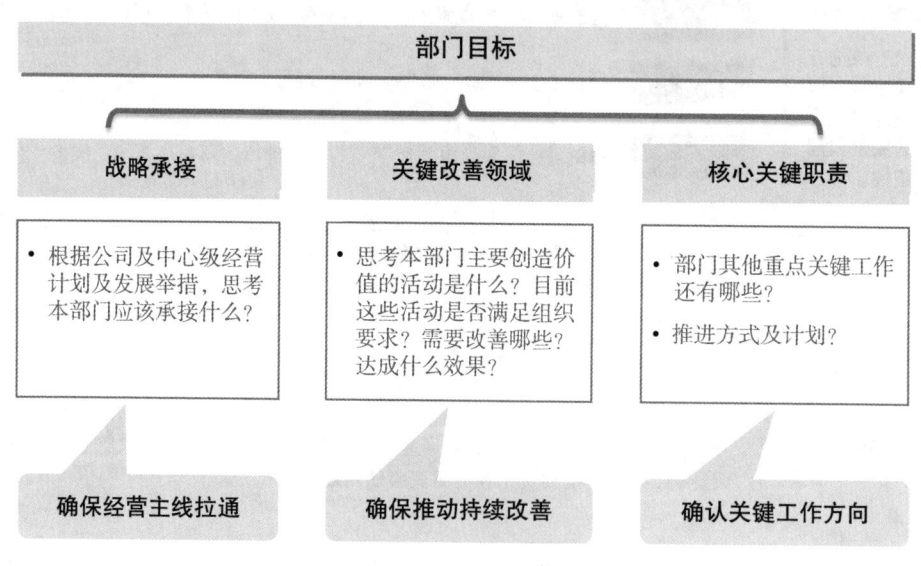

图7-4 部门工作目标的来源

（4）部门工作策略。部门工作策略是指实现部门工作目标的具体工作思路，如提升产品售价的工作策略可能包括直接提高现有产品价格或者优化产品销售结构以提高高端产品销售占比，或者推出新的高端产品拉高平均售价等；又如降低采购成本的工作策略可能包括直接采购降价、加大集中采购获得规模采购降本或者实行材料替代等。

（5）衡量指标及目标值。衡量指标及目标值是对每个工作策略是否得到执行的量化，比如直接采购降价，则其衡量指标可以是直接采购降本金额，目标值是一个具体的金额数值，比如5000万元。

在确定关键衡量指标及目标值时，重点要把握两个关键。

一是衡量指标不宜过多，且要找出关键指标。部门级工作目标的关键衡量指标的数量建议不要超过5个。在衡量指标实际选择的过程中，往往会出现初始指标数量远超过5个的情况，这种情况下，建议对各个指标从表7-5中的几个维度进行评价，甄选出最合适的指标。在分析指标适用性的时候，从企业战略相关性、可控性/影响力、改进空间大小以及考核难度/成本四个角度来综合考虑，用"–"、"0"和"+"分别表示该指标的适用性从弱到强的不同程度，具体含义如表7-5所示。

表7-5　　　　　　　　　　衡量指标的评价维度

所用符号	企业战略相关性	可控性/影响力	改进空间大小	评估难度/成本
"–"	相关性较弱	对本指标仅有微弱影响力	向上改进的空间较小，也不易下跌	衡量成本高、信息来源不准或容易引起重大负面影响
"0"	一般	一般	一般	一般
"+"	相关性强	对本指标有直接或重大影响	向上改进的空间较大，或容易下跌	易于计算、数据有一定可靠性且成本/效益比合适

二是目标值的确定必须遵循四个原则：原则一是可量化评估，原则二是能支撑企业整体目标的实现，原则三是较以往年度的实际值有改善提升，原则四是能满足客户需求或者优于竞争对手。

（6）关键行动方案。关键行动方案是对工作策略的进一步细化，关键行动方案需明确到行动目的、行动内容、具体行动计划及资源需求等，而不是简单的一句话。例如，直接采购降价策略需制订相应的行动方案，应包括主要降价物料的选择、供应商采购价格的重新谈判、降价是否最终体现在财务效益中的跟进等一系列工作的安排与完成时间计划等。

（7）针对差距制订改善行动计划。企业还应针对每个关键目标值，结合企业现状，开展差距分析。针对差距分析，列出所有的改善点，各改善点之间保证不重复、不遗漏。对所有改善点对经营目标达成的重要程度、改善空间大小等方面进行分析评估，找出最为关键的改善点。针对每个关键改善点，组织骨干讨论，制订改善行动计划。

表 7-6 为部门级的关键改善点建议样表。

表 7-6　　　　　　　　　　部门级的关键改善点建议样表

序号	关键改善点	对经营目标达成的重要程度	改善空间的大小	综合得分	为公司级关键改善点的建议

（二）有效执行年度经营计划的三招

1. 第一招：战略性预算管理

通过战略性预算管理，确保资源投入与年度经营计划的有效匹配，并通过预算执行更好地评估年度经营计划执行情况。战略性预算管理具备以下两点作用。

一是通过战略性预算管理实现资源的合理分配。 通过预算管理可以进一步摸清企业所拥有的资源，分析自身的资源能否支撑企业经营目标的实现，如果不能，则需制订相应的资源获取计划。借助预算管理也可以对有限的资源进行整合和分配，尽量将资源向年度经营计划中明确的重点行动领域倾斜，达到"好钢用在刀刃上"，实现有限资源最大产出的效果。

二是通过预算执行管理及时了解企业运营情况，以此评估年度经营目标达成情况、关键行动措施执行情况。 通过每月的预算执行分析，使企业高层管理者能清楚地了解预算执行差异及其形成原因，及时发现年度经营计划执行过程中的不足，并为制定改善行动提供依据。同时，战略性预算管理还可以为组织绩效考核目标的设置及考评提供更加量化的数据依据。

2. 第二招：组织绩效管理

在战略执行过程中，组织绩效起到了承上启下的作用：向上承接企业战略的要求，向下牵引个人绩效的制定。

组织绩效是指组织在某一时期内目标达成的情况。组织绩效是自上而下逐级分解的过程，包括公司 KPI、分子公司 KPI/事业部 KPI、部门 KPI、科室 KPI 等，形成各级组织单元的组织绩效。

根据企业年度经营计划和部门年度工作计划，制订一级部门组织绩效考核方案，牵引各部门有效执行关键行动方案。

为确保组织绩效与年度经营计划的匹配，需要做到：组织绩效指标的选择要与经营策略、关键行动举措匹配，指标的目标值要能够支撑企业经营目标的实现。对此，可以通过绩效矩阵工具，实现指标与经营策略及关键行动举措的匹配性（见表7-7）。

指标权重的设置，需与经营策略匹配。如进行财务类指标设置时，若企业整体经营策略侧重于规模的增长，则营收规模的权重应较高；若企业整体经营策略侧重于经营质量的改善和利润的增长，则利润指标权重应较高。

表 7-7　　　　　　　　　　　　绩效矩阵模板

经营策略	关键行动措施	衡量指标	目标值	承担责任部门
经营策略 1	措施 1……			
	措施 2……			
经营策略 2	措施 1……			
	措施 2……			
经营策略……	措施 1……			
	措施 2……			

备注：一个行动措施可以有多个衡量指标。

设置专门的经营管理部门或经营管理职能人员，并尽可能将战略规划、年度经营计划、组织绩效进行统一管理。笔者在咨询工作中发现，部分企业年度经营计划由经营管理部门负责，而组织绩效职能由人力资源部门负责，这将导致组织绩效与年度经营计划脱节。而国内知名企业美的集团，就是通过在事业部层面设置战略经营部门，将战略规划、年度经营计划、重点工作执行跟进、组织绩效、经营分析会议、投资等职能划归统一管理。

绩效协议一旦签订，必须兑现。绩效协议一旦签订，就是企业与员工达成的契约，是双方的一种承诺，年底考核时必须兑现承诺。但是，当部分企业主发现根据绩效协议核算的考核奖金超过以往过多时，就会存在不情愿按实际情况发放奖金而将其"打折发放"的情况，结果导致绩效考核失去了公信力，员工对于组织绩效也就当可有可无了，失去了考核绩效本应有的激励作用。

3. 第三招：执行评价体系

企业经营管理部门必须建立年度经营计划执行评价体系，做好过程跟进和结果评价。

企业经营管理部门需要建立周度运营分析会议、月度经营分析会议、半年度/年度运营总结会议的三级会议机制，通过三级会议管理，有效跟进企业年度经营计划、部门计划的执行情况及目标达成情况，并评价一级部门绩效目标达成情况。

周度运营分析会议：以客户为核心，检讨各部门重点行动方案执行情况，检讨产品技术、交付期、质量等运营目标达成情况，找出差距并提出改善方案。

月度运营分析会议：以财务为核心，检讨截止到当月，年度经营目标达成情况、财务预算执行情况，找出差距并提出改善方案。

半年度/年度运营总结会议：检讨半年/年度经营目标达成情况，评价各级部门绩效达成情况，找出差距并总结经验，表彰标杆。

通过上述年度经营计划有效执行的三招，有助于真正建立起企业的经营管理闭环体系，实现企业从年度经营计划到经营执行的闭环管理。

【示例】企业年度经营计划模板

前言

说明：从总体上对企业年度经营计划进行简要介绍。

经营背景及思路

一、宏观环境分析

（一）政治环境

说明：描述国家或国际上在相关行业方面的法律法规、政策方针对企业所产生的影响。

（二）经济环境

说明：主要描述国家或国际上经济发展、物质资源状况等经济因素对企业所产生的影响。

（三）社会环境

说明：主要描述社会形势和发展趋势对企业所产生的影响。

（四）技术环境

说明：主要描述相关的技术发展趋势对企业所产生的影响。

（五）市场面临的问题

说明：主要描述市场特点和未来发展趋势对企业所产生的影响。

（六）行业发展趋势

说明：主要描述行业特点和发展趋势对企业所产生的影响。

二、微观环境分析

（一）经济环境

说明：主要描述企业所覆盖区域的经济发展状况对企业所产生的影响。

（二）社会环境

说明：主要描述企业所覆盖区域的社会形势和发展趋势状况对企业所产生的影响。

（三）竞争环境

说明：主要描述企业面临的竞争对手对企业所产生的影响，包括替代品竞争者、潜在竞争者。

（四）消费者特征

说明：主要描述企业所面临的客户群特点和发展趋势对企业所产生的影响。

三、内部经营环境分析

（一）价值链与组织

说明：主要描述企业价值链管理和组织架构特点及其对企业经营运作的影响。

（二）企业文化

说明：主要描述企业文化现状对企业经营运作的影响。

（三）运营管理

◎ 市场

说明：主要描述市场模块业务的优势、不足之处以及改进方向。

◎ 销售

说明：主要描述销售模块业务的优势、不足之处以及改进方向。

◎ 生产

说明：主要描述生产模块业务的优势、不足之处以及改进方向。

◎ 采购

说明：主要描述采购模块业务的优势、不足之处以及改进方向。

◎ 质量

说明：主要描述质量模块业务的优势、不足之处以及改进方向。

（四）核心资源

说明：主要描述核心人才、品牌资产、客户资产、合作伙伴等核心资源的优势、不足之处以及改进方向。

（五）核心能力

说明：主要描述核心能力的发展现状和改进方向。

四、SWOT分析

综合以上分析以及总结企业近几年的发展状况，对企业的总体经营环境进行分析。

（一）优势

说明：主要描述企业相对于同行或竞争对手的优势。

（二）劣势

说明：主要描述企业相对于同行或竞争对手的劣势。

（三）机会

说明：主要描述企业所面临的发展机遇。

（四）风险

说明：主要描述企业所面临的风险和挑战。

五、经营目标与思路

（一）经营目标

说明：根据前面的环境分析、董事会提出的经营指标描述企业年度经营目标，从销售额、利润等方面衡量。

（二）经营策略

说明：根据前面的环境分析和经营目标提出经营策略，包括经营原则、方向、思路等。

（三）财务目标——经营计划

1. 经营计划指标

（1）按产品划分。

（2）按地区划分。

2. 现金流量指标

（四）客户目标——销售计划

1. 分月销售计划

说明：按月份细化销售额和销售毛利指标。

2. 重要产品计划

说明：对重要或关键产品的销售计划进行细化。

（五）客户目标——市场计划

1. 市场费用计划

说明：对市场各块工作的费用进行预估。

2. 市场措施

说明：提出市场工作总体策略和具体措施。

（六）客户目标——客户开发与管理计划

1. 新客户开发计划

（1）新客户开发目标。

（2）新客户开发计划。

说明：针对新客户发展目标提出发展计划。

2. 客户管理计划——客户满意度提升计划

说明：针对客户满意度提升目标提出计划。

（七）内部管理目标——市场营销计划

说明：提出市场营销体系建设措施。

（八）内部管理目标——产品开发与管理计划

1. 产品规划体系

说明：根据当年经营情况在原有产品规划体系基础上进行优化。

2. 新产品规划

说明：以季度为单位，提出新产品开发计划。

（九）内部管理目标——供应商开发与管理计划

1. 供应商开发与管理目标

2. 供应商开发与管理计划

说明：针对供应商开发和管理能力提升提出计划。

（十）内部管理目标——管理体系建设计划

1. 流程管理体系

（1）流程管理体系建设目标。

(2) 流程管理体系建设计划。

说明：根据环境分析和经营目标提出流程建设计划。

2. 质量管理体系

(1) 质量管理体系建设目标。

(2) 质量管理体系建设计划。

说明：根据环境分析和经营目标提出质量管理体系建设计划。

3. IT 系统

(1) IT 系统建设目标。

(2) IT 系统建设计划。

说明：根据环境分析和经营目标提出 IT 系统建设计划。

(十一) 学习与发展目标——政府公关计划

1. 政府公关目标

2. 政府公关计划

说明：根据国家和地区政府政策提出政府公关目标或公关能力提升计划。

(十二) 学习与发展目标——人力资源计划

说明：根据环境分析和经营目标提出人力资源管理体系建设计划。

(十三) 学习与发展目标——企业文化计划

说明：根据环境分析和经营目标提出企业文化建设计划。

(十四) 20××年重点工作计划

1. 重点工作目标

2. 重点工作计划

说明：根据企业确定的年度重点事项提出具体措施和资金需求。

二、战略性预算管理

战略性预算管理是有效执行年度经营计划的三招之一，鉴于其重要性，本文在此对其进行详细介绍。预算管理是指对预算进行编制、执行与监控、调整、考评的一系列行为，它与企业生产经营活动相协调，完成既定的经营目标。

(一) 预算编制的原则

预算编制的总体编制原则是必须充分体现企业的总体发展战略目标和管理目

标，符合国家财政和税收法规规定，符合国家会计核算、财务监管、信息披露的具体要求，符合国家行业管理相关要求，有利于预算目标实现。预算编制时应体现以下具体原则。

以资金预算统揽全局、以成本费用预算为核心内容的原则：以资金预算作为全面预算的出发点和归宿，通过成本费用预算，控制和节约成本费用支出。

以现金流量为中心的原则：现金收支预算整体上必须量力而行，留有余地，合理预计财务风险，确保企业现金流量的总体平衡。

效益优先原则：预算管理必须适应企业总体发展战略，以合理调配经济资源、增收节支、挖潜增效，通过明确收入目标和成本费用控制目标，确保获得预期的最大经济效益。

共性与个性相结合的原则：共性是指企业全面预算管理采取统一的预算管理标准与模式；个性是指不同的业务单元，可以根据其自身的生产经营和业务特点，对某些预算指标和成本费用预算标准，进行分别适用或个别调整。

刚性和灵活性相结合的原则：刚性是指维护预算的权威性，预算一经确定，不得随意调整；灵活性是指若遇客观情况发生变化，经过严格的审批程序后可以对预算进行调整和追加。

相互制约、相互监督原则：为确保对预算编制、审批、执行过程的有效控制，预算的立项申报权、预算的论证审批权、预算的操作执行权、预算的考核监督权必须相分离，即一个部门不能同时具有以上两项职权。

上下结合的原则：实行自上而下与自下而上相结合的预算编制与管理。具体包括自上而下下达年度预算总体目标和预算编制的程序、方法和要求，自上而下下达经批准的年度预算；从基层预算管理责任部门开始，按照企业下达的年度预算总体目标，编制预算的程序、方法和要求，自下而上地编制预算，并逐级审核汇总。

（二）预算编制的依据

预算编制的依据包括但不限于以下方面：国家有关方针政策、法律法规；国际、国内宏观经济态势；行业主管部门的特殊政策和要求；企业中长期发展规划；公司总部、子公司、分公司和业务单元年度工作计划；上一个预算期（年、季、月）各项预算指标实际完成情况和相关产品市场供求预测；上一预算年度结转的未完业务量和本预算年度已有的订单；国家、行业或企业各项管理定额和标准；与主要产品和服务相关的原材料、物资、能源的市场供求状况及价格预测；

与生产能力、主要产品的市场占有率发展变化相关的信息资料；企业在预算期内采取的凝聚企业核心竞争力、维持持续经营、拓展企业经营领域的措施等；其他影响预算编制的主、客观因素。

（三）预算管理组织

预算管理决策机构主要包括股东大会、董事会和预算管理委员会等。股东大会负责审批企业的年度财务预算方案；董事会负责组织制订并审核企业的年度财务预算方案；预算管理委员会是企业实施预算管理的管理机构，以预算会议的形式审议各项预算事项。财务管理部门是具体负责预算管理工作的常设机构，在预算管理委员会等直接领导下工作。

1. 预算管理委员会的职责

（1）审议、确定年度预算目标、预算政策和预算工作程序；

（2）审定、下达正式预算；

（3）根据实际情况，审议调整或修订预算；

（4）根据预算执行情况，制定相关的控制政策和奖惩制度；

（5）调解和仲裁预算执行过程中的矛盾和冲突。

2. 企业财务管理部门的职责

（1）负责组织企业全面预算的编制；

（2）根据企业年度工作目标及管理要求，向预算委员会提交年度预算管理实施细则，根据经批准的年度预算管理实施细则，召开预算编制会议；

（3）负责组织对各一级预算管理责任单位预算的审核和汇编，形成年度预算草案，报预算管理委员会审批；

（4）根据经批准的预算，督促各预算责任单位执行；

（5）负责预算日常事务的协调及跟踪，监督预算执行情况；

（6）定期报告预算执行情况；

（7）及时反馈和修正预算执行中出现的问题和偏差。

3. 预算管理责任单位的职责

预算管理责任单位是预算编制、执行和考核的主体，为预算管理职能部门编制、执行、考核和控制预算提供基本数据资料，并对预算的实际执行负责。公司总部、子公司、分公司和各业务单元为一级预算管理责任单位；公司各职能部门、子公司、分公司和各业务单元所属各职能部门为基层预算管理责任单位。

4. 预算执行机构的职责

各部门与各子公司负责提供各种预算编制基础资料，包括本单位的预算初稿和初稿依据；监督和及时反馈本单位预算执行情况；协调内部资源及各单位之间的预算关系。

（四）预算管理流程

预算管理流程如图 7-5 所示。

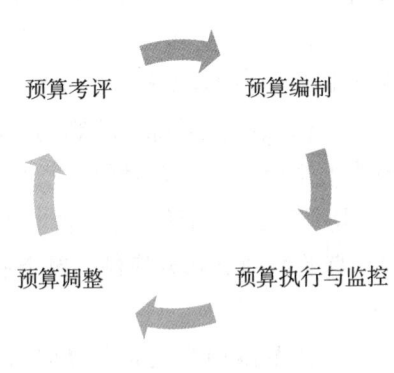

图 7-5　预算管理流程

1. 预算管理流程第一步：预算编制

传统的预算编制方法一般采用固定预算、定期预算、增量预算相结合的方法。固定预算是以某一固定业务量水平为基础而编制的预算。定期预算是以某一固定预算期限为基础而编制的预算。增量预算是根据上年预算实际执行结果，结合年度的变化因素和管理要求，进行适当调整而编制的预算。

其他几种常见的预算编制方法包括弹性预算、滚动预算、零基预算。弹性预算是基于明确的量、本、利之间的依存关系而编制的预算。滚动预算是在固定的预算期内，在预算执行过程中，随着时间的推移而进行同步调整的预算。零基预算是根据预算项目或费用是否能够为企业带来效益而编制的预算。

不同的预算编制方法适用不同的业务场景，企业不能采用单一的预算方法进行预算编制。例如，弹性预算主要适用于与经营业务量紧密相关的收入、成本、费用、税金、利润等。滚动预算主要适用于管理费用、财务管理、员工薪酬等。零基预算主要适用于新产品、新业务、新市场的拓展等。

2. 预算管理流程第二步：预算执行与监控

预算执行是预算目标能否实现的关键步骤，是预算管理工作的核心环节。通过有效措施加强预算管理，必须借助激励约束机制，强化各预算执行单位的责任意识。为了实现这一目标,在预算执行环节,主要要做好预算执行情况的真实、完整记录,有效地收集和反馈相关预算信息。

预算监控以预算为标准,对预算执行过程进行监控,对预算结果进行反馈,及时调整预算,确保预算不偏离预算标准。预算执行与预算监控并非分开进行的两个环节。预算监督的前提是预算的执行。预算是否能真正落实,取决于预算监控措施是否到位,如果没有预算监控,预算执行缺乏监控,就会偏离企业预算目标。

企业预算执行监控系统涉及企业的各个环节,主要包括责任主体和内容、预算更新、预算执行授权、预算信息反馈系统、预算调整等。预算监督的内容包括:各责任单位是否按照要求全面执行企业预算,预算是否按照预期的进度执行,责任预算是否与总预算协调一致。当外部环境发生变化时,企业对现有预算的增加额,一般只是某项预算的增加额和替换额,对企业预算目标影响较大时,才会启动预算调整。

预算执行授权是指预算责任单位和个人对预算应当具有的不同程度的决定权。构建预算授权执行机制必须坚持权责对等的原则,建立健全预算授权审批程序。

预算执行与监控需要下级预算单位及时反馈预算信息。预算信息反馈是各责任中心逐级上报预算执行情况的过程。预算信息反馈要求内容相关,报告及时,形式多样。

3. 预算管理流程第三步:预算调整

预算调整必须明确预算调整的范围和流程,且必须在企业所处的内外环境和企业的战略方向、决策发生重大变化时进行。对总预算变动的预算调整权应集中在预算管理机构的决策层,而预算责任中心内部对总预算变动不大时所进行的预算调动,应由上级预算单位审批,无须报最高决策层。

成本费用预算、货币资金预算和现金流预算,在不影响预算总额的前提下,相同或相近的成本费用项目此增彼减,资金收付时间因客观原因提前推迟,只调整月度财务收支预算,按预算管理级次逐级上报备案,并做好分析说明即可,不调整年度预算。资本性支出预算及与预算期生产经营规模变化没有直接关系的预算项目,原则上不允许调整。

4. 预算管理流程第四步:预算考评

预算考评是对企业内部各责任中心预算执行情况的考核与评价。预算绩效评估既是对企业总体绩效的评估,又是对预算责任人和责任部门预算执行情况的评估。就预算管理周期而言,预算考评工作是预算管理的最终环节,是对预算周期内预算管理工作的评价。但就企业整体发展情况而言,预算考评能及时纠正预算管理过程中偏离企业预算目标的行为,能为制定下一次预算提供丰富的数据和经验。

预算考评体系包括预算考核内容体系、绩效指标体系、指标标准体系、考核周期体系、考核关系体系、考核指标兑现体系、考核管理体系和考核反馈体系。

(五) 战略性预算管理体系的构建

战略性预算管理利用平衡计分卡作为连接战略与预算的桥梁,对企业财务、客户、内部运营、学习成长四个层面进行综合分析,运用财务和非财务信息来实现企业战略意图,构建完善的全面预算管理体系。

结合预算管理流程,在以下四个方面与平衡计分卡有机结合。

预算目标:根据平衡计分卡四个维度的绩效指标和具体目标确定的,体现了企业战略目标的阶段性要求。它包括财务目标和非财务目标,并且彼此间存在因果关系的描述。

预算内容:基于平衡计分卡的各项经营活动确定的。为了支持各项经营活动,企业首先确定优先次序,在得到明确的资源需求之后,再对这些资源进行合理的分配,以编制经营、战略、财务及特定项目的预算。

预算执行与监控、预算调整:建立基于平衡计分卡框架下的分级预算控制体系,及时监控预算执行情况,并依据战略变化及时调整预算。对预算执行结果进行分析,找出差异原因,及时作出反馈。

预算考评:平衡计分卡四个维度中,财务维度、内部运营维度、学习与成长维度属于内部考核指标,客户维度属于外部考核指标。通过构建内部考核指标和外部考核指标,从而构成完整的预算考评指标体系。

三、组织绩效管理

建立绩效导向的价值评价体系,持续提升组织能力和核心竞争力。采用平衡计分卡的解码思想和 KPI/KSF 的管理原理,将总体战略与绩效考核紧密联系起来,通过"战略解码—组织绩效—个人绩效"的指标分解,做好与总体战略目标的垂直对齐和与组织战略目标的水平对齐。

(一) 绩效管理的原则

战略导向原则：所有考核方案、激励机制要为战略目标达成提供保障。企业战略性目标应分解形成企业重点经营工作，纳入考核项目，为企业后续持续发展奠定基础。

目标承诺原则：考核初期，考核者与被考核者应对绩效目标达成一致，被考核者须对绩效目标进行承诺，并签署目标承诺书。

客观性原则：注意定量与定性相结合，强调用数据和事实说话。

实用性原则：通过绩效管理流程制度及指标设置的实用原则，强调实施过程的可操作性及执行效率。

时效性原则：绩效考核是对考核期内工作成果的综合评价，切不可以偏概全。

逐步完善原则：循序渐进地推动考核管理规范化实施，不断完善绩效管理体系。

责任结果导向原则：树立正确的绩效考核导向，不断追求工作效果的改善，最后达成目标。

(二) 绩效层级划分

表 7-8 所示为绩效层级划分。

表 7-8　　　　　　　　　　绩效层级划分

绩效类别	绩效层级	考核对象
组织绩效	公司绩效	总经理、经营管理团队
	部门绩效	公司各级部门
个人绩效	干部绩效	公司各级部门负责人
	员工绩效	上述人员除外的员工

(三) 绩效管理组织

绩效考核管理责任部门包括经营管理委员会、人力资源部和各部门。

1. 经营管理委员会

(1) 负责提出企业绩效管理的总体要求，审批组织绩效管理制度。

(2) 负责审批年度绩效考核指标及绩效考核结果。

（3）负责对考核过程中出现的重大申诉和争议进行仲裁。

2. 人力资源部

（1）负责绩效管理体系的构建和完善，并组织运行实施。

（2）负责研究及提供更科学的绩效考核方法与考核工具。

（3）负责对各部门考核工作提供监督、指导和支持。

（4）负责组织制定企业年度经营目标。

（5）负责组织制定各级组织关键绩效指标，建立及完善指标库，并组织开展绩效考核。

（6）负责企业各级关键绩效指标的动态监控、组织测量、改进分析和推动改进。

（7）负责组织召开绩效校准会，确保组织绩效评估的一致性及公平性。

（8）负责受理组织/个人绩效考核结果的申诉、争议，并协调处理。

（9）负责建立绩效档案，作为薪酬调整、职等调整、岗位调动、培训、奖惩等依据。

（10）负责组织年度、季度、月度绩效考核工作及干部述职工作。

3. 各部门

（1）参与制定公司级、部门级、岗位级关键绩效指标。

（2）负责承接和完成企业下达的绩效目标并形成工作计划。

（3）负责组织制定部门内部关键绩效指标，开展部门内部绩效评价。

（4）定期向企业汇报绩效计划达成情况。

（5）负责收集和提供绩效考核数据并进行绩效考核数据库管理。

（6）负责制订本部门组织及个人绩效改善计划。

（7）与人力资源部配合，协调处理部门内的考核申诉，确保部门内的绩效公平公正。

（四）组织绩效管理的四个阶段

组织绩效管理"绩效目标制定、绩效过程监控与辅导、绩效评估、绩效反馈"四个阶段：

1. 组织绩效管理第一阶段：绩效目标制定

（1）组织绩效目标设定过程。公司级绩效目标设定：根据企业战略规划确定企业当年度经营目标，并分解提取指标库，从战略相关性、改善空间大小、考核操作难度等维度对指标进行适用性分析，筛选企业年度关键绩效指标。经由人力资源部组织草拟公司级《公司绩效目标责任书》，经营管理委员会审议批准后发布，企业经营团队对公司绩效目标达成结果负责。

部门级绩效目标设定：各部门根据企业年度战略绩效目标进行分解，结合本部门职责、重点工作任务拟订本部门考核指标，形成《部门绩效目标责任书》，经营管理委员会审议批准后发布，由相关被考核者签署，并对其年度绩效目标达成结果负责。

（2）绩效目标责任书的构成。关键绩效指标/KPI（权重≥70%）：是指用来衡量组织绩效表现的具体量化指标，是对工作完成效果的最直接衡量方式。关键绩效指标来自企业总体战略目标的分解，反映最能有效影响企业价值创造的关键驱动因素。主要包括指标名称、指标定义/计算公式、权重、目标值（警戒值、目标值、挑战值）及评分标准等内容。

关键任务指标/KO（权重≤30%）：是指在关键绩效指标之外，由上级组织交办的、与组织职责相关的重要工作任务。关键任务指标的衡量标准可从任务的完成时间和质量等方面进行评价，在制定任务指标的同时必须有明确的衡量标准。

特殊事项加减分指标（不占权重）：根据被考核者在考核期间表现，可设置加分项和减分项，加分项是指对企业重大事项有突出贡献的，一旦发生，可对相关责任部门当期业绩最终得分直接进行加分。扣分项是指因重大工作失误而给企业经济或形象造成重大负面影响的，一旦发生，可对相关责任部门当期业绩进行减分。

一票否决指标（不占权重）：对于特别关键、影响公司或部门整体工作的指标可设置为特殊考核指标，即一票否决指标，一旦发生，则本考核期绩效考核得分为0分。

（3）绩效目标值的设置原则。绩效指标的目标值是企业对未来绩效的期望，是绩效指标的衡量基准，通过设置绩效指标的目标值，可以推动企业战略落实执行。绩效目标值的设置需遵循以下几个原则：对标企业战略目标，至少不低于按战略目标倒推的水平；对标企业上年度绩效目标实际完成值，在外部环境条件变化不大时，原则上必须每年有一定程度的提升；对标外部市场，至少不得低于行业平均增速。

2. 组织绩效管理第二阶段：绩效过程监控与辅导

为了确保年度组织绩效目标达成，在签署《组织绩效目标责任书》后，各部门需根据组织绩效目标制订年度和季度重点工作计划，其中季度重点工作计划的实际完成情况与该部门负责人季度个人绩效挂钩。同时建立经营分析会机制，加强企业经营监督与管理，确保企业经营目标落实，并进行持续改进。

（1）制订年度重点工作计划。年度《组织绩效目标责任书》签订后15日内，各部门需根据年度组织绩效目标制订《年度重点工作计划》，内容一般包括：月度例行工作、季度例行工作、年度重点工作计划等。对于年度重点工作任务需制订《单项目标行动计划》。

（2）制订季度重点工作计划。每季度第一个月前10日内，各部门根据年度重点工作计划、上季度重点工作计划完成情况、企业安排的其他工作等内容，制订《季度重点工作计划》，经分管领导签批后提交至人力资源部。

（3）季度重点工作计划回顾。每季度结束后7日内，各部门将季度重点工作计划完成情况，按季度重点工作计划表中的相关要求填写完毕并提交分管领导，经分管领导签字确认后提交人力资源部。

每季度结束后10日内，组织召开季度经营管理例会，回顾上季度重点工作计划完成情况，并研讨确定下一季度重点工作计划。

（4）月度经营分析会。为确保季度重点工作计划的达成，在月度经营管理例会上各部门需汇报季度重点工作计划进展情况、工作中遇到的问题、需支持事项等。

经营分析会召开前，各部门需对组织绩效目标及重点工作完成情况进行分析，并按照模板于每月5日前提交至人力资源部《组织目标及任务表现分析报告》。分析报告包括：关键绩效指标、关键任务及行动计划达成情况分析，本期差距原因及纠正措施，上期改善情况回顾等。

3. 组织绩效管理第三阶段：绩效评估

次年1—2月，由人力资源部发布年度组织绩效评估通知，并按照表7-9所示流程开展年度组织绩效评估工作。

表 7-9　　　　　　　　　　　组织绩效评估流程

步骤	具体事项	相关责任人	备注
第一步	发布年度组织绩效评估通知	人力资源部	发布评估通知，说明评估方案
第二步	绩效指标数据提交	数据来源部门	负责相关数据提供的部门按期将相关数据提供给相应被考核部门
第三步	自评	各部门	各部门按照评分标准及《组织绩效目标责任书数据提供清单》进行初步自评

续表

步骤	具体事项	相关责任人	备注
第四步	考核者评分	部门上司/分管领导	各部门完成自评后,将《组织绩效目标责任书》及《组织绩效目标责任书数据提供清单》提交考核评分者,绩效评价者与被考核者进行面谈并打分
第五步	绩效评价校准及绩效等级评定	人力资源部/经营管理委员会	(1) 由人力资源部对所有部门绩效目标完成情况及评分进行初步整理校验; (2) 先由绩效评价者对评价部门绩效目标完成情况进行举证陈述,然后由其他绩效评价者通过提问的方式全面了解各部门年度绩效目标达成情况,同时了解评分是否公正、合理; (3) 将校验对象和同一级别类似的部门进行横向比较,校验评分结果; (4) 根据各部门绩效校验结果,核算部门组织绩效最终得分; (5) 组织绩效等级确定
第六步	绩效结果发布	人力资源部	人力资源部汇总所有部门组织绩效结果,公司审批通过后公布

部门绩效最终得分所在区间确定其组织绩效等级如表 7-10 所示。

表 7-10　　　　　确定组织绩效等级的对照表

组织绩效等级	等级定义	评分区间
S	卓越、远超目标	100≤评分
A	优秀、超过目标	90≤评分<100
B	良好、达到目标	80≤评分<90
C	一般,基本达成目标	70≤评分<80
D	待改进,离目标差距较大	评分<70

4. 组织绩效管理第四阶段：绩效结果反馈

年度绩效评估后，由分管领导同所分管部门负责人进行绩效面谈，确认绩效结果及制订绩效改进计划，并填写《绩效面谈记录表》。

如对绩效结果存在异议，可在收到考核结果反馈后两周内填写《绩效考核申诉表》向人力资源部提出申诉，人力资源部统一调查，并提出初步处理意见，报经营管理委员会最终裁定后执行。按照《绩效申诉流程》进行申诉。

（五）组织绩效结果的应用

影响部门年度奖金：在经营年度结束后，将根据企业利润完成情况，部门实际奖金金额与部门年度组织绩效结果挂钩。

影响部门年度薪酬调整：在经营年度结束后，将根据企业年度经营目标完成情况，确定企业整体薪酬调整金额，部门薪酬调整金额与部门组织绩效结果挂钩。

作为部门业绩改进根据：根据绩效考核结果，各部门制订次年的绩效改进计划。

作为年度评优评先的重要依据：组织绩效考核结果获 S、A 等级是评估各部门能否参加企业年度评优评先的重要依据。

作为部门负责人岗位晋升的重要依据：组织绩效考核结果获 S、A 等级是评估各部门负责人能否获得岗位晋升的重要依据。

本章小结

◎ 一个年度经营计划编制完成后，如何确保年度经营计划得到有效执行，是众多企业面临的一个难题。通过战略性预算管理、组织绩效管理、执行评价体系三者有机结合，确保年度经营计划有效的执行。

◎ 年度经营计划是有效开展年度战略性预算的前提。通过年度经营计划的牵引，明确未来一年的经营目标和重点工作，才能真正做好年度战略性预算，才能将有限资源投入到真正需要提升和改善的关键领域。

◎ 年度经营计划是有效实施年度组织绩效的保障。如果没有年度经营计划，组织绩效指挥棒的作用就无法发挥，无法有效明确重点奖励什么、处罚什么，无法通过绩效管理来牵引各部门和员工的重点工作。

第八章 战略实战工作坊

导读 美国《财富》杂志曾发表过这样的调查结果,在战略管理失败原因分析中发现,超过75%以上的战略管理失败是因为未得到有效执行,而战略执行鸿沟的存在,使得大量企业制定的战略没有达成预期目标。战略实战工作坊的推出,则可以有效解决战略执行鸿沟问题。

一、战略实战工作坊方法论

行动学习是在专业引导师的指引下,一组多元化的团队,通过已有知识和经验相互质疑、深度反思与行动验证共同解决组织实际存在的问题的过程和方法,以解决个人与组织之间的问题,推动个人学习发展以及整个组织的进步。

(一) 行动学习的六个要素

表8-1所示为行动学习的六个要素。

表 8-1　　　　　　　　　　行动学习的六个要素

要素	说明
问题	行动学习以问题、项目、挑战、机遇、任务为中心,其解决方案对个人、团队、组织来说十分重要。这些问题应该是重大且紧迫的,并且小组有责任去解决这些问题,同时,这些问题的解决过程还能为小组学习成员提供学习的机会。小组可以解决单一问题,也可以解决多个问题
团队	行动学习团队一般为4~8人,在选择小组成员时,其背景与经验尽可能多样化,以使小组成员能够从不同层面去思考问题,并相互鼓励与激发新的观点。小组成员可能包括跨组织、跨部门的人,也可能是其他组织与专业,甚至是来自供应商与客户人员

续表

要素	说明
研讨	行动学习关注对陈述与观点的质疑与反思,强调正确的提问比正确的答案更为重要。小组成员在解决问题的过程中,要意识到知道什么与不知道什么,并在确定行动方案之前不断反思,从而对问题的本质有更深入的认识。优质的提问可能催生好的解决方案。质疑有助于创造良好的团队氛围与提高成员的倾听能力
行动	行动学习需要小组对需要解决的问题采取实际的行动,包括因学习会议中产生的一系列行动,如重构问题、确立目标、提出策略,以及在行动会议之外发生的行动,如测试、获得更多信息、试点、实施策略等。除非采取实际行动,否则小组无法判断与验证其思路、策略是否真实有效
学习承诺	在行动学习中,学习与问题的解决同等重要,甚至比问题的解决更重要。行动学习将重点放在学习、团队、个人开发上,团队能力越强,解决问题的速度就越快、质量就越好
引导师	引导师是行动学习效果最大化的催化器,是团队成员在一起的黏合剂,也是加快学习的提问者。引导师帮助学员解决两个问题:团队正在学习什么,以及团队是如何解决问题的。引导师是将经历转化为反思,并取得学习机会与成果的一面镜子。引导师的关注点应该始终放在学习,而不是问题的解决上

(二)行动学习的六个角色

表8-2所示为行动学习的六个角色。

表8-2 　　　　　　　　　　行动学习的六个角色

角色名称	主要作用	来源	基本要求
发起人	在企业内部发起和推动行动学习	企业内部的高层领导	需要深刻理解并认识行动学习的意义和价值,具有推动组织变革的决心
组织者	负责管理和监督行动学习过程,为行动学习提供资源	一般由发起人委派,也可以由发起人自己担任	需要认识行动学习的价值,具有很强的协调能力与资源调配能力
引导师	控制行动学习的流程	可以来自企业内部,也可以来自外部	具备熟练的引导技巧、良好的沟通和协调能力、稳定的心理素质和认真的工作态度

续表

角色名称	主要作用	来源	基本要求
小组骨干	解决问题的主体	利益相关人,以企业内部为主,有时候也可以从外部引进少量成员,但在专业教育当中,以外部顾问为主	对问题领域有一定的认识,且与小组成员有一定的互补性
小组组长	在引导师的引导下,负责组织小组研讨和落实具体行动方案	企业中相关职位的经理人、业务骨干	有一定的引导技巧,责任心较强、擅长协调
专家	在研讨主题系统性、结构化层面给予帮助,并对研讨的主题提供一些知识补充	可以来自企业内部,也可以来自外部,如外部的咨询公司、科研院所、政府主管部门、行业协会等	对研讨主题有很深的理论功底或了解最新的发展动态和信息

(三) 战略实战工作坊的流程

确定选题:战略实战工作坊的发起人与高层沟通,初步了解企业经营情况及所处行业情况以及企业管理层主要的需求与痛点,进而有针对性地设计与确定战略实战工作坊选题。

组建团队:遵循自愿参与的原则,优先选择来自问题相关部门的成员,并敢于承诺拿到实战结果的人。同时,从所在组织、专业等方面综合考虑,确定战略实战工作坊项目成员。根据选题设计,对项目组成员进行分组与分工,选出各组组长与小组骨干。

现场研讨:组织由项目发起人主持、所有项目成员参与的项目启动会议,明确本次项目总体目标、任务要求等,同时宣布团队组成及相关安排,并正式开启第一阶段的研讨。引导师负责说明战略规划实战工作坊的操作要点及步骤,讲解相关方法论、工具与模板。各分组按照战略规划流程,拟定企业发展战略,对分歧大和关键性的经营议题,组织研讨,最终输出公司级、部门级的战略地图、平衡计分卡、单项战略行动计划表。

方案实施:分小组执行方案,过程中收集方案执行反馈。组织定期的质疑与反思研讨会,对方案进行优化,并滚动执行。

项目复盘：项目运行3个月后由引导师进行一次阶段性项目复盘，总结上一阶段的成果与问题，引发项目组成员回顾与深刻反思。针对项目过程中产生的新问题，组织研讨新问题的解决方案，推动新解决方案执行。半年或1年后，由引导师进行项目总复盘，辅导战略管理部门制定战略管理体系文件，形成具有企业特色的方法论与知识地图，并将其内化于组织，推动项目自转。

表8-3所示为战略规划实战工作坊的日程安排示例。

表8-3　　战略规划实战工作坊的日程安排示例

研讨阶段	时间（小时）	内容	形式	主持或主讲	方法
热身阶段	0.5	通过小游戏切入，说明战略规划实战工作坊的操作要点及步骤	小游戏	引导师助手	案例学习法
导入阶段	2	分析工具与方法论介绍	讲授	引导师	
	1	本次研讨任务及目标	讲授	引导师	
	1	战略认知	讲授	引导师	
	2	战略思维导入	讲授+研讨	引导师	案例学习法
	1	战略思想导入	讲授	引导师	
引导阶段	1	战略限制条件新视角	小组研讨	引导师	SWOT等分析工具
	2	战略分析"五看"			
	2	战略机会点			
	2	战略定位			
	8	战略地图			
回顾阶段	0.5	回顾与总结学习和研讨内容、研讨成果	讲授+研讨	引导师	
关闭阶段	0.5	小组成员确定下一步行动计划及完成时间表、任务分工等	小组研讨	引导师	

表8-4所示为年度经营计划实战工作坊的日程安排示例。

表 8-4　　　　　　　年度经营计划实战工作坊的日程安排示例

研讨阶段	时间（小时）	内容	形式	主持或主讲	方法
热身阶段	0.5	小游戏切入，说明年度经营计划实战工作坊操作要点及步骤		引导师助手	案例学习法
导入阶段	2	分析工具与方法论介绍	讲授	引导师	
	1	本次研讨任务及目标		引导师	
	1	战略解读	讲授		
	2	经营总结	讲授+研讨	引导师	案例学习法
	1	回顾公司级战略地图	讲授		
引导阶段	1	确定年度经营目标	小组研讨	引导师	基于战略地图等分析结果，集体研讨
	2	解码部门级战略地图			
	8	完成基于战略地图下的部门级策略、计划分解			
	4	关键议题研讨，并总结输出年度经营计划初稿			
回顾阶段	0.5	回顾与总结学习和研讨内容、研讨成果			
关闭阶段	0.5	小组成员确定下一步行动计划及完成时间表、任务分工等	小组研讨	引导师	

（四）战略实战工作坊参与人员角色映射

表 8-5 所示为战略实战工作坊参与人员角色映射示例。

表 8-5　　　　　　　战略实战工作坊参与人员角色映射示例

角色名称	主要作用	战略规划实战工作坊角色映射	年度经营计划实战工作坊角色映射
发起人	在企业内部发起和推动行动学习	董事长或 CEO	董事长或 CEO
组织者	负责管理和监督行动学习过程，为行动学习提供资源	战略管理部负责人或董事长授权人员	经营管理部负责人或董事长授权人员

续表

角色名称	主要作用	战略规划实战工作坊角色映射	年度经营计划实战工作坊角色映射
引导师	行动学习流程的控制	CEO/专家顾问/战略管理部负责人	CEO/专家顾问/经营管理部负责人
小组骨干	解决问题的主体,并致力于自身的学习与发展	各业务线/区域/部门管理团队	各业务线/区域/部门管理团队
组长	在引导师的引导下,负责组织小组研讨和落实具体行动方案	各业务线/区域/部门管理团队负责人	各业务线/区域/部门管理团队负责人
外部专家	阶段性为行动学习小组提供专业支持的人	一般来自外部的咨询公司、行业专家等	一般来自外部的咨询公司、行业专家等

二、案例阅读：JQ 国际战略实战工作坊

JQ 国际专注语言教育 23 年,是一家集语言培训、出国留学、游学、移民、海外规划等业务于一体的国际化教育企业,以做国际化高端人才培养、交流、就业与美好生活的引领者和推动者为使命。JQ 国际提出的"国际教育生态系统"致力于为国内家庭提供全方位、不同阶段的出国及海外服务。

JQ 国际战略落地的过程,就是战略规划与年度经营计划实战工作坊"三板斧"执行的过程：第一步,从企业内部组建由跨职能、跨部门的相关人员参加的战略实战工作坊项目；第二步,由引导师给项目组提供结构化战略分析和执行工具,战略实战工作坊项目小组依据对企业愿景、使命、价值观的重新定义与理解,从分析企业的内外部环境入手,制定企业战略目标,并通过战略地图将战略分解为相应的主题,转化为年度的具体战略举措和行动；第三步,同时建立起战略规划、执行、检讨修正的闭环式管理机制,使组织成为以战略为中心的组织。

(一) 战略实战工作坊团队的组建

发起人：整个战略实战工作坊团队的核心,为战略实战工作坊提供强有力支持的关键人物。在项目实施过程中,不断挑战战略实战工作坊项目团队的目标,质疑战略实战工作坊项目团队的方案,并在机制、流程、资源等方面为战略实战工作坊项目团队提供持续的支持。例如,JQ 国际的董事长在 JQ 国际战略实战工

作坊项目中承担了项目的发起人角色。

组织者：负责管理和监督战略实战工作坊过程，为战略实战工作坊提供资源，全程跟进整个项目的进度，为项目团队提供及时的支持和帮助。例如，JQ国际的执行总裁助理在JQ国际战略实战工作坊项目中承担了项目的组织者角色。

引导师：核心职责是帮助战略实战工作坊项目团队高效研究问题、深入思考问题，并最终达成共识，同时在解决问题过程中，引发个人和组织的学习。例如，JQ国际的咨询顾问在JQ国际战略实战工作坊项目中承担了项目的引导师角色。

小组骨干及各组组长：这是整个战略实战工作坊项目的核心，深入研究公司的企业文化、战略规划、战略执行，并亲自实施方案，最终推动组织的战略变革。例如，在JQ国际战略实战工作坊项目中，来自不同部门的高层和中层数十名员工组成了小组骨干及各组组长，他们是方案制订者，更是方案的执行者。

外部专家：为项目团队提供战略分析和战略执行工具指导，帮助团队成员运用结构化思维工具思考企业的战略。两位外部专家顾问在JQ国际战略实战工作坊项目中承担了这一角色，项目期间不断为团队成员提供方法工具使用指导。

（二）战略实战工作坊的"三板斧"

1. 第一"板斧"：战略共识达成

JQ国际战略实战工作坊项目启动会召开后，董事长做了动员演讲，之后引导师开始牵引项目团队遵循战略实战工作坊的操作要点及步骤，明确研讨任务和主题。通过训战结合的方式，让项目成员逐渐形成对战略的认知及战略思维、战略思想的导入，最终完成JQ国际新的"愿景、使命和价值观"的制定。运用战略分析（"五看"）及战略制定工具对企业战略进行了深入的分析和研讨，明确了企业的战略机会点、控制点。最终制定了JQ国际未来五年"打造国际教育生态系统"的战略规划。

2. 第二"板斧"：战略落地体系

基于第一阶段的成果，导入战略地图和平衡计分卡分析工具，开始执行企业战略的研究，绘制战略地图，分解成平衡计分卡，并和组织原有管理进行对接。

外部专家为JQ国际战略实战工作坊项目团队进行了战略地图/BSC理论培训，在此过程中，对企业的关键成功要素进行了分析，并对这些因素用指标的方式进行衡量，形成了公司级战略地图以及公司级平衡计分卡指标体系。基于公司级战略地图以及公司级平衡计分卡指标体系，带领部门负责人对各自部门的定

第二篇

战略革新的案例应用

为了让读者更好地理解战略规划与落地（OAPS）模型的应用，下面通过三个不同类型的案例，分别阐述在管理咨询实践中，咨询顾问是如何使用战略规划与落地（OAPS）模型帮助企业制定并辅导客户进行战略落地的，以期对企业战略实战者有一定的借鉴与指导意义。

本书中选择的这三家企业所处行业不同、所处发展阶段不同、资源与能力也不尽相同，但三家企业都处于战略转型期，其中：

AL公司是一家农牧上市公司，之前业务一直发展较为平稳。在公司二次创业大潮中，公司将业务相关多元化作为其未来发展方向。在本案中，相关多元化如何更好地发展，成为AL公司需要面对的难题。

DF集团是一家典型的非相关多元化经营的集团型企业。根据集团之前提出的"双轮驱动"战略，一直在找寻合适的切入点，进行新兴市场。在本案中，如何选业务、管业务、可持续，成为公司关键问题。

ZZ公司是一家集团企业下属子公司，业务类型比较单一。ZZ公司由于产品领先优势在特定市场中占有率较高，一旦进入非特定市场中，其原有的商业模式与价值链将不再适用，需要重构。在本案中，如何选择合适的竞争战略，并对商业模式与价值链进行重构，成为公司关键问题。

这三个案例的展示，均是对之前理论模型［战略规划与落地（OAPS）模型］的一次尝试，但由于任何理论模型都无法确保完全适用于每一个企业，所以需要各位读者在真正的企业战略实践中，应根据企业实际情况去调整，而不是一味模仿。

此外，需要说明的是，由于考虑实际作用与篇幅关系，在案例展示中，战略规划与落地（OAPS）模型的战略落地部分（年度经营计划、战略性预算管理、组织绩效管理）并未在案例中呈现。

位、年度关键目标及任务分解、部门的关键举措与行动计划进行梳理,制定了部门级战略地图和部门级平衡计分卡指标体系。

3. 第三"板斧":战略组织激活

基于第一、第二阶段的成果,导入组织激励体系与培训体系工具,开始执行年度经营计划、全面预算和绩效管理三者有机结合的体系,形成以薪酬管理为核心的战略激励系统和以能力提升为核心的管理者培训系统。

外部专家为JQ国际战略实战工作坊项目团队进行了激励体系/培训体系理论培训,首先,通过树立标杆、表彰先进等方式,提升了员工队伍士气;其次,通过建立荣誉体系,形成了多劳多得、及时认可的激励机制,使每个人都有客观指标衡量,使考核更加透明、公正、全面;最后,建立能上能下的退出机制,形成不进则退、优胜劣汰的机制。

(三)战略实战工作坊的项目总结固化

JQ国际战略实战工作坊项目团队针对出现的问题,从系统的角度入手,通过制度流程的修订与完善、组织结构优化等措施予以解决。同时,为了适应新的战略中心型组织特征的要求,企业专门增设了战略管理职能,用以协调和解决后续实施中所遇到的问题,最终形成长效的闭环式战略管理体系。

案例一
农牧 AL 公司基于战略转型的"二次创业"

AL 公司成立于 2011 年 4 月,是一家以标准化、规范化、集约化和产业化为导向的高科技农牧企业,公司主营业务包括饲料、动保、养猪、原料贸易、农业互联网等产业。AL 公司围绕"以饲料为核心的服务企业,以食品为导向的养猪企业"的品牌定位,自成立以来,通过持续的技术创新、产品升级和品牌推广,不断增强竞争力,现已成为国内知名大型禽畜、水产饲料生产商之一,市场覆及全国大部分省、市、自治区,拥有百余家分子公司、4500 多名员工。和大多数快速成长期的企业一样,AL 公司也不可避免地存在"在业务快速发展中管理能力建设相对滞后"的现象,因此其战略执行能力评估更多地从业务发展和目标实现的角度出发,通过对标来寻找增强战略执行能力的方向和思路。

战略执行是一个系统工程,涉及运营多个环节,在此从内部价值链角度,以业界最佳实践标杆,对 AL 公司的战略执行现状进行对标分析。本案采用战略执行能力成熟度评价模型,从十个维度(战略、市场、研发、产品管理、销售推广、服务与运营、财务、投融资、IT 与流程、人力资源与组织)和五分制客观地评估企业战略执行情况。

一、AL 公司战略执行能力成熟度评价总体结果

通过对 AL 公司战略执行能力成熟度评价,AL 公司各模块整体得分在 1~3 分之间,表明与标杆企业相比,仍有较大的差距,部分模块和功能甚至整体缺失。

其中,AL 公司财务维度得分较高,表明公司在财务管理方面所做的工作较为扎实,对业务的支撑基本有效,可以继续发挥这一优势。

战略、市场、研发、产品管理、销售推广、服务与运营、IT 与流程、人力资源与组织等维度得分较低，需要从公司角度去重视流程与人力资源问题，目前看来，流程未打通与人力资源配置的薄弱已经影响到业务的发展，而销售推广与市场方向缺少统一机构进行管控与评价、指导，整体步调与效果不太稳定。

注：具体战略执行能力成熟度评价表详见附件。

二、AL 公司战略起点

"创建世界领先的农牧企业"是 AL 公司的愿景，公司也提出了"三步走"的战略，即 2015 年成为"中国猪饲料前期营养领先者"，2020 年成为"中国农牧行业领先者"，2030 年成为"世界领先的农牧企业"。

经过八年的发展，AL 公司的创业取得了阶段性胜利，完成了"从 0 到 1"的突破。但思危方能居安，在宏观环境和行业发展变化的背景下，行业洗牌速度加快，洗牌力度也将大大增强，AL 公司必须要拉长生命周期，才能实现"创建世界领先的农牧企业"的伟大愿景。于是，在公司二次创业阶段，如何找到差距，发现关键问题，为下一步解决问题打下夯实基础，对公司未来的发展至关重要。为此，公司将重心放在围绕打造一个"文化上开放包容，战略上专注聚焦，组织上活力迸发，绩效上清晰明确"的"新 AL 公司"。

项目组通过将 AL 公司经营数据（包括收入规模、人均产值、利润水平、研发费用、管理费用、财务管理、制造费用、产能利用率等）与行业主要竞争对手比较后发现，AL 公司在某些指标上的确与竞争对手存在差距。通过这种经营数据的对比，能够找到 AL 公司与对手之间的明显差距在哪里，只有认真分析这些差距由何而来，才能了解其竞争优势在什么地方，又应如何消除差距，进而为下一步建立竞争优势夯实基础。

（一）饲料行业差距分析

经过 40 多年的发展，饲料行业已经形成从饲料原料工业、饲料添加剂工业、饲料加工业等较为完整的饲料工业体系。2013 年以来，全国饲料年产能为 2.5 亿~3 亿吨，增速放缓，其中猪饲料在饲料总产量中比重最大。随着饲料行业快速发展，行业产能快速扩张，行业集中度不断提升，"强者恒强"的定律又一次在饲料行业表现得淋漓尽致。

提高产能利用率是 AL 公司急需解决的问题。通过分析，项目组发现，目前 AL 公司饲料业务最突出的问题是产能利用率不高，如 2018 年的饲料业务产能利用率仅为 50%，还有很大的提升空间。公司饲料业务主要以猪饲料为主，占比超过 90%，未来可以适当加大水产饲料、反刍饲料等其他品类的生产，丰富公司产品线。另外，以养殖板块销量增长拉动饲料板块，形成良好的协同效应。

（二）生猪养殖行业差距分析

2012—2018 年，全国生猪出栏量保持在 7 亿头左右，比较稳定。2015 年后，受环保限产影响，行业主要龙头企业纷纷加快生猪养殖产能建设，生猪养殖行业的集中度也在不断提升。生猪养殖存在明显的周期性与季节性，猪肉消费旺季主要集中在冬季以及节假日前。

养猪的核心优势在于成本：2018 年，牧原食品股份有限公司（以下简称牧原）的生猪肉平均价格在 11.3 元/公斤，温氏食品集团股份有限公司（以下简称温氏）的生猪肉平均价格在 12 元/公斤，其他上市公司平均价格约为 12.5~13.5 元/公斤，自繁自养散养户平均价格约为 12.5 元/公斤（不算人工工资），行业平均价格水平约为 13.2 元/公斤。成本能做到 12 元/公斤及以下的公司，具备强资源笼络能力、完善的人才培养体系，可谓非常优秀。成本低才有可能稳健扩张，但扩张却不一定有规模效应：一是管理、采购、饲料配方、研发等方面刚具有规模效应，便急于简单放大规模，可能会使得规模不经济；二是在重资产模式下，成本低才能形成"滚雪球"式增长，否则便是"滚雪球"式自杀。

项目组通过将经营数据与行业主要竞争对手比较后发现，与饲料业务不同，AL 公司的生猪养殖业务无论从资源配置、团队能力建设等方面都处于起步阶段，与竞争对手的差距较大。目前，生猪养殖的几种经营模式各有利弊，那么如何通过与标杆企业对标，借鉴标杆企业经营模式与盈利模式，走出一条 AL 公司自己的创新之路是当下 AL 公司需要考虑的。为下一步构建新的商业模式实现弯道超车，打下夯实基础。

（三）饲料行业机会差距

2018 年，我国饲料行业中业务规模前三名的龙头企业的市场份额之和约为 16.6%，德国、日本的这一数值约在 30% 以上。根据国家"十三五"规划，到 2020 年中国饲料企业减少 50% 左右，全年将有 60 家饲料业企业产能达到 100 万吨，约占全国饲料产能的 60%，行业规模化程度随着龙头企业集中度不断提高，但与发达国家相比仍有较大提升空间。

（四）生猪养殖行业机会差距分析

未来 AI 养猪运行模式将是对传统养殖模式的一次颠覆。通过视频图像分析技术，可以通过图像识别找到待检测的猪，测算猪的体重，检测猪的体态，分析猪的健康状况，并在这过程中建立标准，如每天睡多久，怎样的运动强度和频次最科学，以保证料肉比最合理。语音识别技术和红外测温技术还可以通过猪的咳嗽等行为判断是否患病，做出疫情预警；凭借尖叫声及时解救被压住的小猪。此外，领先的物流算法可以按照生猪运送到客户的时间、路程和生猪养殖场时间周期，计算出合理的物流方式；消费端扫码生猪肉上的二维码便能获取其全部生长信息，包括品种、日龄、健康指数、运动量及配送信息。AI 养猪运行模式相比传统养殖确实存在明显的优势。

三、AL 公司战略分析

这个阶段的方法论主要是将战略规划与落地 OAPS 模型中的战略分析模块用于饲料与生猪养殖市场分析。

（一）看行业

1. 政策

首先来分析我国关于饲料行业的相关政策。《全国饲料工业"十三五"发展规划》中指出，我国饲料产量稳中有增，质量安全状况稳定向好，利用效率稳步提高，安全高效环保产品迅速普及，饲料企业综合素质明显提高，国际竞争力明显增强。截至 2020 年末，年生产能力超过百万吨的饲料企业集团达 33 家，其饲料产量占全国总产量的比例达到 54.6%。饲料企业与养殖业融合发展程度明显提高。

其次，来看我国生猪养殖的相关政策。《全国生猪生产发展规划（2016—2020 年）》要求今后生猪生产要以"提高质量、增加效益、稳定供给、保障安全、促进生态"为目标，以调整结构、转变方式为抓手，优化区域布局，统筹种养加协调发展，推动全产业链一体化发展，加快产业转型升级和绿色发展。到 2020 年，生猪生产保持稳定略增，猪肉保持基本自给，规模比重稳步提高，规模场户成为生猪养殖主体。近年来，环保政策的密集出台、禁养区的划定和生猪养殖场的搬迁政策不断落地，淘汰了大量不规范的散养户和中小养殖场，促进行业规模化程度提高。对中小养殖场及散养户来说，环保成本的增高增加了养殖成本，进而加速其退出市场；对大型养殖场来说，规模优势明显，环保成本得以摊薄，行业向专业化、规模化过渡，行业集中度提高。

2. 经济

随着经济发展水平逐年稳定提高，我国人均可支配收入不断提升，消费支出也呈现明显增长趋势，同时猪肉消费量趋于稳定。在国家惠农政策的扶持下，为行业发展提供了发展机遇。城镇化发展提高了消费能力，为养殖业提供了发展动力。国家对环保、食品安全等要求更严，对行业发展要求提高。中美贸易战协议的达成，将引入更多的农产品，包括猪肉，将影响国内行业发展。

3. 社会

随着我国国民经济不断发展，人们物质生活水平不断提高，对于健康食品的需求也越来越大。总体来看，近年来国家对食品安全问题给予了高度重视，很大程度上改善了我国的食品安全问题。消费升级倒逼产业升级，人们对健康食品的需求越来越大。与此同时，需建立快速协调机制，加强食品安全管理和产业链溯源管理。

4. 技术

随着技术革新，无抗饲料及智能养殖技术助推企业发展，技术提升将引领行业变革。通过无抗饲料来努力改善猪肉产品口感、提高猪肉产品质量、改变有抗养殖习惯，进而全面保障人们对无抗猪肉产品的需求。此外，智能养殖技术不断提升，很多互联网企业也通过不同的进入模式进行产业链关键环节的优化升级。例如，京东与阿里巴巴在2018年都宣布进入生猪养殖产业。

5. 饲料行业发展趋势

趋势一：大型养殖集团通过代工走量，中大规模生猪养殖场通过全产品线定制走量，家庭/中小生猪养殖场通过提供服务赚取附加值。

趋势二：猪饲料的竞争将聚焦在成本管控、供应链提效。

趋势三：重塑To B生意模式，聚焦各环节降成本和提高供应链效率的措施。

趋势四：重视全产品线，以性价比参与价格竞争。

趋势五：全产品线打包销售，构建整体合理毛利率。

6. 生猪养殖行业发展趋势

趋势一：由"调猪"向"运肉"转变，肉类冷链物流迎来发展机遇。

趋势二：养殖及屠宰企业加强向"产—供—销"一体化布局。

趋势三：生猪养殖产业融合金融工具将成为产业上下游规避风险、稳定生产的趋势。

趋势四：生猪养殖向标准化、专业化发展。

趋势五：消费升级倒逼产业升级，安全、健康、有特色的产品将是未来市场发展的方向。

（二）看市场

2018年全国饲料工业总产值8872亿元，同比增长5.7%；总营业收入8689亿元，同比增长6.0%。2018年全国饲料总产量22788万吨，同比增长2.8%，产品类别和品种结构有明显变化。从品种看，表现为"猪弱禽强，水产反刍快涨"。

2018年生猪养殖市场规模不足8000亿元，受非洲猪瘟的影响，猪肉全年产量5404万吨，同比下降0.9%。2018年末，生猪存栏42817万头，同比下降3.0%；生猪出栏69382万头，同比下降1.2%。国内生猪养殖市场目前市场集中度较低，2018年的CR5占比仅为5.97%。小散养殖户对于价格走势预期往往缺少前瞻性，同时基于资金实力较弱，很少逆势操作，价格上升时容易盲目补栏，而价格下跌时会马上减少饲养，强化了生猪价格的波动性，延长了猪周期。

中国正经历美国20世纪90年代初的规模化加速期，规模化养殖乃其必由之路；而且在国家提倡环保的大背景下，规模化提升速度更胜一筹。在此，通过以下四个方面对中美的生猪养殖市场进行对比。

饲料方面：与我国很多中小规模生猪养殖场自建饲料厂不同的是，美国70%以上的饲料公司都是一体化生产模式。饲料配方都是由周边各个生猪养殖场提供，生猪养殖场、饲料厂里基本没有库存饲料。生猪养殖场将饲料用量预算提供给饲料厂，饲料厂再根据合同、订单进行饲料生产。美国饲料产业的生产自动化程度较高，且运作成本较低，主要便是受益于这种订单化生产模式。

育种方面：美国90%以上的父母代母猪都是由专业的育种公司提供。专业育种公司除供应优良种猪外，还出售冷冻精液供配种使用，种猪场通过人工授精技术来保证所供应的种猪品种的优良性。而我国专业育种公司育种水平相对较低，种猪质量不高，良种猪市场实际缺口较大。我国的养猪企业也更喜欢自我配套，即使是规模很小的企业，也有自己的种猪，母猪场里一般都会有自己的公猪站。

育肥方面：美国生猪养殖规模化的不断推进带来了养殖场的专业化发展，如

案例一　农牧 AL 公司基于战略转型的"二次创业" ◎

保育场只负责保育，育肥场只进行育肥。专业化程度的提高促进了生产效率的提高，最终体现为成本的下降。而我国在"公司+农户"的模式和农户散养模式中，育肥环节都由农户完成；在自繁自养一体化模式中，育肥环节则由养殖企业完成。

销售方面：美国的生猪销售由屠宰加工厂与大型养殖场通过签订合约方式提前锁定。签订合约的方式为屠宰加工厂提供了稳定的生猪供应，也为养殖场解决了销售的不确定性问题，同时大大节省了双方的交易成本。随着现货市场规模化推进及期货市场不断成熟，美国猪肉价格波动性明显降低。长期来看，生猪期货上市有利于对生猪养殖各环节进行风险管理。而我国的生猪销售主要是靠现货交易完成，且散户特别多，生猪养殖高度分散。生猪经纪人起到了沟通养猪人与买猪人的桥梁作用，国内大部分收购需要通过生猪经纪人完成。

通过中美养猪市场对比，可知规模化养殖是大势所趋，产业链下游利润较大。其中，产业链的整合方式有所不同，美国是通过屠宰整合养殖，而中国主要由养殖整合屠宰。

下面通过五力模型来分析饲料行业和生猪养殖行业的关键成功因素和竞争战略决策。

1. 饲料行业的五力模型

（1）供应者讨价能力：弱。

饲料主要由能量（玉米、小麦、高粱等）和蛋白质（鱼粉、豆粕、菜粕、棉粕等）构成，各类原料间存在一定的可替代性。如传统的饲料加工行业，向上面临的是豆粕、玉米等贸易商，向下面临的是各类养殖企业。随着市场竞争的优胜劣汰和产业结构的转变，饲料加工业上游更多地开始面对油厂等大型贸易商，饲料加工企业的议价能力减弱。

（2）买家讨价能力：强。

猪饲料的买家主要可分为两大类，一类是饲料经销商，另一类是最终用户（散养户或规模化养殖场）。

饲料经销商在当地拥有良好的人脉资源与个人品牌影响力，很多饲料经销商会在销售饲料过程中淡化企业品牌，而不断扩大个人品牌影响力。对于饲料厂家而言，替换当地饲料经销商成本较高。

最终用户分为散养户或规模化养殖场，散养户市场由于产品同质化程度高，主要追求的是高性价比；而对于规模化养殖场来说，产品科技化程度高，主要追求的是性价比和服务，当外购饲料的性价比高于自配饲料时，规模化养殖场会放弃自配饲料。同时，配套的技术服务，如动物营养专业指导、生物安全防控等，也是吸引规模化养殖场的重要因素。因此，买家的议价能力较强。

（3）潜在加入者的进入能力：弱。

中国较多的生猪养殖场试图通过自建饲料厂降低成本。但自建饲料厂由于固定资产投入大、生产成本高，除厂房建设费用高昂，还有生产固定、变动成本等一系列繁杂的费用，且在技术、研发、检测水平、制造、损耗等关键数据上，生猪养殖场自建饲料厂远远落后于大型饲料集团。因此，潜在加入者进入的能力较低。

（4）替代品或服务对产业带来的威胁：低。

受非洲猪瘟等因素影响，猪饲料的需求下滑，但猪肉产量的下滑在一定程度上又提高了其他肉制品生产的饲料需求。其中，猪饲料环比降幅逐月扩大，而禽类饲料、水产饲料同比不断增加。

（5）产业竞争者的进入障碍：低。

饲料行业技术门槛较低，行业竞争日趋激烈，行业参与者虽逐年减少，但数量依然众多；由于对产业结构转型升级的需求，不少饲料龙头企业纷纷开始布局生猪养殖全产业链。

饲料毛利率偏低已经是行业公认的事实，究其原因是由于饲料加工工艺简单，进入壁垒低，行业增速放缓，导致行业产能严重过剩。而下游养殖格局分散，行业集中度低，未到强调精细化管理的阶段，也使得优质饲料并无明显品质溢价，各饲料厂商为了获得更多的订单只能采取价格战和附加服务的方式，进一步强化了下游养殖场的话语权。为了改变这种情况，饲料企业纷纷谋求转型，向养猪环节延伸成为绝大多数公司的选择。

2. 生猪养殖行业的五力模型

（1）供应者讨价能力：弱。

饲料企业面临下游猪价快速下跌、原料上涨等困境，且在环保去产能、非洲猪瘟的背景下，此轮规模化养殖程度较前次提升较快，主流饲料企业均已重视抢占规模生猪养殖场，行业竞争料更为激烈。因此供应者议价能力较弱。

（2）买家讨价能力：强。

中国的生猪销售主要是靠现货交易完成，且散户特别多，生猪养殖高度分散，难以与市场的需求有效结合，所以买家议价能力较强。另外，区域垄断现象加上猪价信息的不对称，常存在买家压价的情况。为了改善这种情况，就要求生猪运销必须经过"分散收集—集中运销—定点屠宰—分零销肉"的过程。

(3) 潜在加入者的进入能力：强。

在生猪养殖企业高利润的刺激和小型养殖户退出的倒逼下，饲料企业养殖量快速扩张。当前，饲料行业中正大、新希望、东方希望、双胞胎、大北农等头部企业基本上从各个方面进入了养殖行业，其业务范围包括但不限于种猪、生猪养殖，有的已经成了饲料、养殖双驱动的企业。

生猪养殖处于生猪产业链的中游环节，由于70%以上的养殖成本来自饲料费用，且大型饲料企业又具备规模化养猪的资本优势，因此，在整个产业链上，饲料企业进军生猪养殖行业有很强的优势。

(4) 替代品或服务对产业带来的威胁：弱。

生猪养殖的替代品包括进口猪肉、其他禽类肉等，但从短期来看，完全替代的可能性不大。中国对进口猪肉的检验检疫要求较为严格，全球仅21个国家和地区的猪肉可以销往中国，主要为美国、加拿大以及欧洲地区，其中美国占比约为10%。

猪肉作为第一大肉类消费品的格局短时间内无法改变，如果市场短缺的猪肉全部由牛肉、羊肉、禽肉来替代，消费者是不会接受的。引导消费者改变固有的肉食结构，减少猪肉消费量，增加牛肉、羊肉、禽肉消费量，将是一个漫长的过程，不可一蹴而就。

生猪养殖的替代服务主要是AI养猪。近几年京东、阿里、网易等企业纷纷布局AI养猪，而随着人工智能技术的迭代升级，有关AI养猪的答卷也被陆续交出。对于养殖企业而言，虽然采用智能化养殖方案可以提高养殖效率，但是同时也意味着需要更大的投入，如此智能养猪到底具不具备持续性和可复制性，又是否能够盈利，这一切目前都处于探索阶段。

(5) 产业竞争者的进入障碍：高。

随着生猪养殖的资金、技术等门槛不断提高，行业竞争日趋激烈。随着养殖规模的扩大，疾病预防、猪场管理等管理难度也随之增大。而且规模化猪场的管理要求与农户散养对养殖专业能力、管理能力等有着本质区别，生猪养殖正由原来的劳动密集型产业转变为资金、技术密集型产业。

3. 关键成功因素

饲料行业与生猪养殖行业的关键成功因素都与成本和规模有关。只是在饲料行业，规模是最重要因素，成本是充要条件；而在生猪养殖行业，成本是最重要因素，规模是充要条件。决定成本、规模的六个主要要素分别是模式、技术、管理、资金、土地和人员。因此，饲料企业与生猪养殖企业如何有效挖掘和利用这六个主要要素，是市场竞争取胜的法宝。

（三）看客户

1. 饲料企业的客户

饲料企业主要有两类客户，一类是饲料经销商，另一类是最终用户（散养户或规模化养殖场）。

（1）饲料经销商。饲料经销是一个高资本投入、高风险、低利润率业务，特别是乡镇一级的饲料经销商，不赊销就几乎没有销量。饲料经销商的运营风险显而易见：一方面，饲料价格呈现上升趋势，需要投入的资金也就越多；另一方面，赊销造成货款拖欠的风险。

（2）最终用户。随着环保门槛不断提高，散养户将逐步退出历史舞台，规模化养殖企业的快速发展拉动了饲料企业销量的提升。无论是配套企业内部的养殖企业，还是对外销售，都为饲料企业发展带来了新的机遇。与规模化养殖企业的深度合作，一方面，有利于不断完善饲料企业现有的产品结构；另一方面，也有利于不断增加客户黏性。

从饲料营销模式升级历程来看，从前期粗放的1.0模式（人海战术+垫资销售），慢慢演变为以产品为核心的2.0模式（技术驱动+服务驱动），最终将升级为以客户为核心的3.0模式（管理升级+数字化转型）。

2. 生猪养殖企业的客户

生猪养殖主要有两类客户，一类是生猪经纪人，另一类是消费者。

（1）生猪经纪人。目前，在生猪交易过程中，跨区域生猪调运模式成为主流。在生猪交易过程中，由于存在信息不对称，不同地区猪价存在较大的差异，使得目前的收猪行业仍是一个暴利行业。随着规模化养殖场的增加，加之部分区域养殖成本优势，也使得跨区域生猪调运模式更加活跃。

跨区域生猪调运模式真正做好也绝非易事，除需要一定的现金流外，还需要在各区域培养一定的经纪人线下寻找猪源。加之很多区域实行定点屠宰，很多屠宰场开始寻求直接对接的规模化养殖场，这就使得很多屠宰场有了更多的话语权。

同时，对跨区域生猪调运模式构成冲击的还有生猪的网上交易、期货交易。为了降低交易成本，多家生猪养殖企业已开始了互联网生猪交易，通过互联网发布收购与出售信息。屠宰企业为了建立稳定的收购渠道，更好地抵御市场波动风险，更倾向于合同收猪模式。合同收猪模式的出现，也是生猪期货的前提。

(2) 消费者。我国是世界上最大的猪肉消费国。2018 年，我国消费猪肉 5539 万吨，占全球消费量的 49.3%，国内年人均消费量 39.1 千克，远超全球平均水平 14.8 千克。从居民肉类消费结构来看，虽然我国居民的饮食结构随着收入的增加而发生了变化，牛肉、羊肉的消费占比不断增加，猪肉及禽肉消费占比略有下降，但猪肉消费占比仍有 75.4%。我国以往一直是热鲜肉主导消费，但随着冷链物流及商超渠道的发展，冷鲜肉的消费占比呈上升态势，其中生鲜猪肉包括热鲜肉、冷鲜肉及冷冻肉。

猪肉消费具有明显的季节性，冬季和春季为旺季，夏季和秋季为淡季。冬季和春季节日较多，气候寒冷，人们饮食结构中肉食品较多。夏季温度适宜，青绿饲料丰富，多数养殖户选择在春天补栏仔猪。同时夏季替代类食材较多，猪肉需求被弱化。

从猪肉消费区域来看，目前长三角、珠三角及环渤海地区是猪肉消费主要区域，需依靠外省猪肉调入维持供应。

与生猪主要养殖省份相对应，浙江、上海等长三角地区的供给主要源于河南、湖北等省份，珠三角的生猪供给主要源于四川、两广、湖南等地，环渤海生猪供给多来自河北、山东等省。人口密集的一线城市如上海、北京等，生猪对外依存度在 80% 以上。

(四) 看竞争

1. 饲料行业

我国是世界第一大饲料生产国，以自产自销为主。未来，大型企业凭借规模、资本、技术等多维优势，通过兼并、新增产能及产业链延伸发挥协同效应，产品和综合服务能力不断增强，市场份额将持续增加。

在饲料企业对标时，通过对标标杆企业广东海大集团股份有限公司（以下简称海大集团）企业的分析，不难看出：

(1) 战略执行能力。海大集团以追求养殖户价值为核心构建竞争力，从原有的技术领先型升级为服务领先型企业；其强大的服务营销团队和有效的营销策略，支撑着研发成果转化与过程的质量控制和技术服务水平。

海大集团的战略定位清晰，自 2006 年以来，其战略定位从技术领先型升级为服务领先型，其核心是追求养殖户价值，包括对内是围绕生产出高性价比的产品为核心构建竞争力，对外是通过为养殖户提供全流程的专业服务而保证养殖户获利，进而促进企业长远发展。海大集团的各系列产品都致力于打造显著领先于竞争对手的产品力。其中，高端产品在高定价的同时，以最终追求动物成活率、生长效率等明显优势，以突出品牌效应；中端产品在保证领先的生产效能基础上，贴近于竞争对手产品定价，追求产品性价比。因此，在行业整体养殖效益较好的情况下，海大集团的客户在综合产品的支持下，能够获得明显高于同类养殖户的收益；而在行业养殖效益下滑甚至全行业亏损的情况下，其客户可以少亏损甚至于不亏损。

海大集团自成立起即采用服务营销模式，并构建了三级服务营销体系。各分、子公司的业务人员、技术部及研发人员常年在养殖一线，针对本地养殖环境、养殖模式、养殖习惯及养殖行情进行实地调研，为养殖户提供"苗种—放养模式—环境控制—疫病防治—饲料—行情信息"等全流程的产品和技术服务支持，以确保养殖户能使用到最先进的养殖技术，从而确保养殖户养殖成功和赢利。

（2）研发能力。在动物营养和原料利用的研发能力、产品的配方技术能力方面，海大研究院为国内饲料行业研发力量最强、技术水平最高、科研成果最多的企业技术中心。海大集团的历年研发投入均位于行业前列。饲料企业的研发能力主要体现在饲料原料研究、替代原料研究、添加剂的研究开发、产品配方优化、养殖技术和品种改良等方面，海大集团历经多年研究积累，在以上各方面均已形成较为完善的技术体系，并储备了丰富的研究成果。

（3）内部运营能力。海大集团在原材料价值采购能力、高效的内部运营能力等方面都具有明显的比较优势。海大集团注重技术和采购两大核心竞争力的开发和提升，对农产品等大宗原材料采用"集团+区域中心"的集中采购模式，结合套期保值等方式能获得了较好的采购成本优势和风险控制。大宗品种集中采购占比过超过90%，采用"集团+区域中心"模式既能充分发挥规模采购优势，又能提升区域品种快速应变市场的能力，其余数量较少的或不标准的原料品种采用分散采购。同时，实时跟踪国内外原料价格走势进行研判，通过期货套保有效规避价格波动风险。

（4）产业链布局能力。海大集团的产品结构持续优化，盈利能力逐步提升。集团产品结构的优化包含两个方面：一是业务结构的优化，包括由最初的饲料业务逐步延伸至技术和经济附加值更高的种苗繁育、兽药和疫苗产品研发制造、养殖及食品加工等环节，高附加值产品产销规模逐步扩大，收入结构占比也逐年提升；二是饲料产品结构尤其是水产饲料结构不断升级，由最初的水产预混料→淡水鱼配合饲料→虾料、膨化料，高端饲料占比不断提升，水产饲料毛利率亦在显

案例一 农牧 AL 公司基于战略转型的"二次创业"

著提升。业务结构和产品结构的持续优化进一步放大了集团产业链的乘数效应，并提升了集团综合竞争实力。

（5）管理体系。海大集团以流程化、标准化和数据化为核心，建立起了高效的"四位一体"联动机制。推动 SAP、EPS 等管理软件落地，不断强化信息化系统。"四位一体"联动机制是指采购人员能根据配方需求采购具备成本优势的原材料，且当市场上替代性原材料有低成本采购机会时，配方人员能在保证产品质量的前提下快速调整配方，使用性价比更优的原材料组合；市场服务人员能把市场需求清楚传递回配方人员，同时能及时跟踪反馈配方变动下的养殖情况，以便配方人员根据养殖情况进一步优化配方；内部运营能及时应对配方的调整，保证不同配方下的产品生产，保证生产工艺的稳定性，并对生产费用负责。在快速联动的基础上，集团的整体运营效率和产品性价比始终保持在高效状态。

（6）人力资源。海大集团拥有一支理念一致、勤奋敬业、专业精湛的经营管理团队。团队中大部分人员都毕业于农业类高等院校，具有较强的专业背景，管理层对饲料行业也具有深刻且全面的认识并积累了丰富的实践经验，具有宏伟而统一的愿景目标、较强的行业洞察力、领导力和执行力，从学历背景、知识结构、行业经验和年龄层面都能够适应饲料行业的快速变革和集团越来越高的经营管理要求。

（7）企业文化。近年来，饲料行业处于剧烈变革时代，行业现状、养殖户规模、客户需求等都发生了巨大的变化，农村金融、互联网+等新兴产业也不断冲击着饲料行业，促进行业的变革和创新，打造能快速应变于变化的企业机制和文化，也就是使企业不断为客户创造价值的集体学习能力，是企业具备持续竞争优势的根本。

海大集团从水产预混料发展到淡水鱼类、海水鱼类、对虾等各种水产配合饲料，从水产饲料体现核心优势延伸到畜禽饲料优势逐步凸显，从单纯的饲料经营到为养户提供种苗、动保、养殖技术服务等综合服务，从华南到华中、华东、华北及东南亚、南美等区域的扩展，经历了许多个从无到有，再到做强做大，做到行业前列的过程，依靠的是集团管理层和全体员工的集体学习能力。这种能力和企业文化使海大集团一直处于学习进步中，并在学习中不断成长。

2. 生猪养殖

目前，我国的生猪养殖主要有三种模式，农户散养、公司+农户、自繁自养一体化。农户散养模式主要是指散养户利用自有劳动力和场地进行小规模养殖，其主要问题在于规模上难以实现快速扩张，且疫病管理水平较低，产品质量的一致性较差；公司+农户的养殖模式属于轻资产模式，扩张速度较快，代表企业为温氏；自繁自养一体化模式由于全产业链的端到端一体化生产，品控更好、成本更低，代表企业为牧原食品股份有限公司（以下简称牧原）。

在生猪养殖企业对标时，通过对标标杆企业牧原的分析，不难看出：

（1）财务资源。牧原上市前主要依靠自身利润滚动发展，上市后则凭借融资便利加速扩张，尤其是牧原核准发行的优先股为牧原备足了"弹药"。

由于牧原采用自繁自养模式，因此其成本占优；自繁自养的一体化模式拥有集饲料加工、生猪育种、种猪扩繁以及商品肉猪饲养的完整产业链，有效地减少了中间环节的交易成本，对整个生产流程有较强的管控能力，不需要与农户分享收益，没有委托养殖费用的支出。这种模式的核心是成本，本质是人均养殖效率的大幅提升。

（2）实物资源。很多饲料企业都想转型养猪，但最难的环节就是确定场地，这需要大量的时间、精力，而且还要保证不会出现"扯皮"事件。牧原此前拿下的场地已经表明了它未来的发展速度完全不会受这一生产要素的影响。

生猪养殖企业最主要的成本是购买小麦、玉米、豆粕等原材料。牧原的子公司已经布局到了我国13个玉米、小麦主产省区，目前主要产能分布在以河南为中心的中原产粮区，这为牧原饲料原料的供给提供了充分的保障，同时减少了原材料的运输成本，使得公司在原材料采购成本方面具有一定优势。此外，公司可以根据小麦、玉米的价格水平决定采用"玉米+豆粕"型饲料或"小麦+豆粕"型饲料，进而降低饲料成本。例如，2017年小麦采购价格大幅上行，公司便加大了对玉米的采购量；2018年小麦采购价格低于玉米，公司便增加了对小麦的采购。

（3）技术资源。牧原通过对生猪营养的精细化管理，充分发挥了猪群的生长潜力，降低了料肉比。在饲料配方领域，公司已针对不同品种、不同类型和不同生长阶段的生猪设计出6类32种饲料配方，在规范管理的前提下，可根据原料的性价比及时调整饲料配方中主要原料，从而降低单位产品的生产成本。

（4）创新管理。牧原会根据不同猪场、不同饲养阶段的生猪特征，依成活率、饲料成本、药费、品质指标等数据，制定科学、动态的模拟成本考核指标，明确监督措施，考评结果直接与生产人员的薪酬挂钩，使各岗位饲养员的工作强度、工作水平和工作效率具有可比性，规范了各岗位的职能行为，提高了生产人员的责任心和积极性。

（5）一体化制造能力。牧原的自动化程度高，有效提高了生产效率。例如，公司自行研制的自动化饲喂系统大大提高了生产效率。在育肥阶段，公司 1 名饲养员可同时饲养 2700~3600 头生猪（根据猪舍条件），生产效率显著高于国内行业平均水平。

饲料加工完成后直接装入公司的饲料罐装车，然后由饲料罐装车将饲料运送至猪场，并直接向猪场的自动饲喂器加料。整个流程减少了饲料的包装、分拆等过程，一方面节省了包装、分拆饲料的费用，另一方面也减少了饲料的损耗成本。

（6）人力资源。牧原采用"加速招聘+精细培养+员工持股"的人力资源管理体系，人才储备充足。公司一方面通过人才军事化培养和推动员工持股，留住现有人才；另一方面，通过加速招聘满足规模扩张带来的人员匹配需求，保障公司长远的发展，2017 年末，公司员工总数量达 2.7 万人，同比增长 57%。

（7）数字化牧原。牧原与科大讯飞合作，语音识别猪咳嗽以进行疾病诊断。牧原的部分饲料厂已实现生产环节无人化，生猪养殖场的库存情况直接传输至饲料厂，再由饲料厂下单生产。

通过资源与能力竞争分析模型可知，根据与竞争对手对比分析，提取公司竞争力指标，并分别就 AL 公司与竞争对手评分，发现 AL 公司在成本管控、产品生产等方面有较大提升空间。

（五）看自己

1. 企业文化

AL 公司自成立之初就明确了"以农为傲，滋养全球"的事业使命，致力于建设有 AL 特色的先进企业文化，通过 AL 事业和企业文化感召引领行业精英人才，以"信息集中、资源共享、充分授权、自我管理"为管理理念，最大限度地调动员工的积极性和创造力，打造具有共同价值观和创业信念的"文化化、专业化、年轻化、高效化、创业化"人才队伍，共同实现战略目标。公司的人才队伍与同行业相比相对年轻，充满创业激情，对公司事业满怀信心。公司通过实施核心团队与骨干员工持股等分享机制，打造共同的事业平台，确保核心人员稳定性和积极性。良好的企业文化和激励机制为新的人才引进提供了有力的保障。

2. 养殖优势

AL 公司的养猪区域布局合理，主要位于我国南方并贴近主要猪肉消费市场，产能分布受疫情影响较小，同时贴近消费市场的养殖资源价值也相对较高；公司具有生猪自主繁育体系，扩繁群、公猪站根据公司养猪区域的点来分布，构建从核心群、扩繁群、商品母猪群的完善种猪繁育体系，可实现公司的母猪体系内供应，从种源上把控好生物安全，也有助于养殖效率的持续提升；公司搭建完善的养殖产业组织架构，配备优秀人才团队，团队成员都具备多年丰富的现代化规模猪场养殖管理经验和优秀的专业知识技能，人才专长涵盖了猪遗传育种、猪场设计与建设、生产管理、营养与饲喂、疫病防治、环境保护等生猪养殖全方位内容，保障公司养殖业务高起点、高效化运营；凭借公司在猪饲料领域的领先地位，公司生猪养殖业务在精准营养、精准饲喂、饲料成本等方面具有比较优势，有利于形成产业协同的优势。

3. 产品及技术优势

AL公司坚持科技创新，拥有行业领先的产品及生产技术，产品理念、配方技术、检测技术和加工技术等方面在国内行业均处于较先进的水平。公司非常重视产品质量，制定了完整的品质控制流程与管理制度，从原料采购、配方设计、生产管理、成品检验、事后追溯等一系列流程把控公司产品质量。公司研发的"猪前期营养三阶段""母猪营养三阶段""仔猪营养三阶段"等饲料产品在市场上取得了丰硕的成果。

4. 研发优势

AL公司有较强的科研和创新能力。公司自成立以来，建立了包括院士工作站、博士工作站、技术研究院、企业技术中心等在内的多层次研发平台体系，对公司的技术创新、人才培养、成果转化、产品升级起到了积极的推动作用。截至2018年末，公司主导和辅助研发工作的专业技术人才团队共有200多人，其中硕士以上学历50余人；公司及下属控股公司共拥有专利250项（其中发明专利43项、实用新型专利155项、外观专利52项），计算机软件著作权75项。

5. 产业链一体化服务优势

AL公司以"全球整合资源，大力提升生猪产业链价值"为品牌信念，重点打造为客户提供整体解决方案的能力，通过饲料、生猪养殖、兽药动保、原料贸易、猪场信息化管理、客户支持服务等业务协同发展，形成了产业链一体化经营模式，为客户提供高附加值的一站式解决方案，有效节省客户筛选供应商的时间成本及财务成本，大幅提升客户体验，增加客户黏性。

6. 信息化及客户支持服务优势

AL公司在2011年创业之初就开始独立创建团队自行开发信息化平台，满足和保障公司快速扩张发展的管理需要。公司开发的ERP系统目前除满足自身业务需要外，也具备承接同行业相关客户信息化业务开发的能力。公司2014年开始涉足养殖产业时,专门组织力量开发了猪OK管理平台。公司凭借遍布全国的饲料经营体系,逐步搭建猪OK猪场管理信息化平台,导入下游规模猪场的养殖数据,为下游养殖客户提供了专业、强大的猪场管理软件,帮助客户利用猪OK信息化平台收集、管理猪场的养殖数据,进行大数据收集和分析处理,提高客户养殖信息化管理水平和养殖效益。同时,基于猪OK平台的生猪养殖场生产数据及基于公司客户网的饲料购销交易数据,公司搭建了一个基于供应链的信用评估体系,并以此为基础引入金融机构为下游养殖户和经销商提供金融支持服务,帮助下游客户从金融机构获取生产经营所需资金。通过信息化和客户支持服务,大大增强了客户黏性。

四、AL公司战略定位

由于AL公司的"饲料+生猪养殖"双轮驱动战略是较为清晰的,因此其整体战略规划需重点解决两个问题,一个是AL公司从原有的饲料单主业向"饲料+生猪养殖"模式发展时,应如何做好产业链下游延伸;另一个是在战略升级转型的过程中,"生猪养殖"经营模式应该如何选择。

(一)战略定位议题一:AL公司应如何做好产业链下游延伸

生猪养殖产业链的上游是饲料企业,饲料企业购买玉米、豆粕、添加剂等原料加工成饲料,为生猪养殖提供必要的食物保障。生猪养殖处于产业链的中游,育肥猪达到标准体重后出栏,进入下游屠宰厂、加工厂,最终产品流入超市、菜市场、餐饮业等渠道。在整个产业链中,由于渠道和品牌壁垒,产业链后端深加工、销售渠道的收入和利润率都明显高于前端。

1. 饲料行业的核心竞争力是规模化带来的成本优势

饲料行业目前进入存量整合阶段,2018年我国万吨规模以上的饲料企业达到3742家,比2017年增加196家,饲料产量占总产量的比重高达94.6%。其中10万吨规模以上厂家数量达656家,比上年增加81家,饲料产量占总产量的49.7%,比上年增加5.4个百分点。全国有8家单厂产量超过50万吨,单厂产量最大的厂家规模达114万吨。

《全国饲料工业"十三五"发展规划》提出到2020年我国饲料行业100万吨产能的企业增加至60家,约占全国饲料产能的60%。在非洲猪瘟疫情影响下,饲料的安全、健康更为重要，饲料行业的龙头企业在这方面具有产品及研发优势。在服务方面，龙头企业能从养殖模式、猪场设计、疫病防控、养殖管理等方面对客户提供有效的指导和支持。在资金方面，行业下行周期中资本实力更加重要，龙头企业具备优势，而中小企业承压较大。总体来看，未来市场份额将逐渐被具备高质产品、优秀服务的行业龙头企业所占领，行业集中整合成为趋势。

2. 生猪养殖行业的核心竞争力是低成本扩张

生猪养殖行业规模超万亿，具有较大的市场空间，大型养殖场以每年3%的比例扩张，散户养猪的性价比越来越低。据悉，未来年出栏500~10000头的家庭农场将占据生猪供给主要地位，万头以上集约式养殖猪场成本优势有望不断加大，会有最高的复合增速。

近年来，高压环保政策迫使大量高污染、低效率的落后产能退出，行业门槛显著提升。而规模养殖企业由于自身环保意识较强，资金实力雄厚，养殖技术明显优于行业水平，在这轮环保治理中，不仅受到清退影响较小，反而通过布局重点发展区和潜力增长区，出栏规模逆势扩张，实现行业空间结构优化。一体化养殖是行业未来的发展方向，因为它不仅满足行业自身的发展规律，更符合供给侧改革下的政策指引。

受原材料价格波动影响，如何有效控制饲料成本、提升料肉比是生猪养殖企业要解决的关键问题。同时在受非洲猪瘟影响的大背景下，生猪存活率也会影响整体的养殖成本。通过精细化管理，成本将得到持续改善。

3. AL公司如何进行产业链下游延伸的方案

方案一：通过与国内外领先的生猪养殖企业合作或并购，进入生猪养殖领域。生猪养殖领域有独特的行业属性，通过与国内外领先的生猪养殖企业合作或并购，可以降低投资风险，增加行业积累与经验。行业内成功案例：新希望六和股份有限公司以6.16亿元收购陕西杨凌本香农业产业集团有限公司。

方案二：通过进入屠宰行业，拉动饲料与生猪养殖一体化运作。在整个产业链中，屠宰行业与渠道具有猪肉定价权，可以通过控制猪肉定价权，拉动自身饲料与生猪养殖一体化运作。行业内成功案例：双汇集团与温氏成立合资公司。

方案三：利用上市公司平台，发行产业基金，自建一体化生猪养殖基地。上市公司可以发挥其融资优势，通过发行产业基金，获得低成本资金，并在当地自建一体化生猪养殖基地进行试点，待模式成熟后，再在其他地方复制。行业内成功案例：牧原内乡"5+"扶贫模式示范区。

（二）战略定位议题二：在战略升级转型的过程中，"生猪养殖"经营模式应该如何选择

1. "公司+农户"模式：猪价低点快速扩张规模，猪价高点大量获利（代表企业：温氏）

优点：温氏是轻资产模式，为合作农户提供养殖服务，实现将重资产的后端育肥环节委托外包，创造性地将自己的商业本质从养殖企业变成了养殖服务企业，绕过了养殖行业巨额资本投入的陷阱。这种模式能够让温氏在猪价高点的时候获得最丰厚的后端育肥收益，而在财务上又能够实现低固定资产、高营业收入、高成长、高资产回报率。

缺点：扩张依赖合作养殖户的意愿，对公司的管理能力要求高，若无充足的养殖技术的支撑将可能造成"双输"，尤其是在规模达到一定程度后，管理边际成本越来越高。

制约"公司+农户"模式发展的因素，主要包括以下几点。

资金：公司走的轻资产路线，扩张所需要的资金较少，虽然目前仍是最主流的方式，但农民自身资金有限、融资手段单一，抗风险能力有限。

土地：农民个体很难拿到新的地，在这方面大型企业更有优势。

人才：其大背景是养殖户的减少和人才的老去，恐后继无人。

仔猪：一些企业的仔猪供应紧缺，需要外购，但价格昂贵，可能会抵销一部分利润。

环保：基于环保要求，农户需要购买环保设备，并分散还田，规模太大的农户就难以找到足够的农田消纳。

2. 自繁自养一体化模式："滚雪球"式增长，猪价高点扩张快，低点时则要放慢求稳（代表企业：牧原）

优点：牧原采用全产业链端到端一体化生产，子公司可复制性强，分工更细、效率更高，更容易控制食品安全，也更容易处理污染。这种资源集约型的工厂化农业属于未来的发展方向。

缺点：重资产带来的折旧高，依赖资金的推动，成片的饲养土地少，若成本控制做不到最优，或者融资渠道不顺畅，恐怕难以超越周期实现真成长。

3. AL公司如何进行产业链下游延伸的经营模式

根据AL公司现状，首推"公司+合作方+农户"模式，在猪周期景气高时，可以通过溢价带来丰厚回报；在猪周期景气低时，可以通过转让现有猪场获利。

其次是自育自繁自养大规模一体化模式，工业化养殖是未来产业发展方向，具有较好的发展前景。最后是"公司+农户"模式，这种模式业界实践比较多，但管理精细度上难度很大。

方案一："公司+合作方+农户"模式。简单来说就是引入合作方，由合作方负责固定资产的投资及维修、猪场外部管理、污水处理等；公司负责供应、销售和技术指导；农户负责单个猪舍的精细化管理，即建场的农户不养猪、养猪的农户不建场。这种模式降低了对合作农户的依赖程度，提高了分工协作效率，节约扩张成本。行业内成功案例：雏鹰农牧集团股份有限公司。

方案二：自育自繁自养大规模一体化模式。这种经营模式属于重资产模式，自繁自养再加上管理的水平比较高，因而在仔猪及饲料供给上有优势，肉猪的成本也相对低一些。行业内成功案例：牧原。

方案三："公司+农户"模式。这种模式即由公司委托农户饲养生猪，并负责农户的补贴及成品回购，包括提供畜禽种苗、饲料、药物、技术等服务，农户则自己负责场地、设备、人力、管理及饲养环节。行业内成功案例：温氏。

（三）AL公司战略定位结论

最终，将AL公司战略定位为"上控资源，下拓市场，中提能力"。

1. 上控资源

上控资源是指扩展资源版图，强化资源优势。立足猪饲料生产，并择机拓展玉米、豆粕等原料资源，获取低成本原料；同时，立足饲料行业，加速发展禽料、水产料，择机提升饲料市场占有率。

2. 下拓市场

下拓市场是指布局产业生态，促进合作共赢。加强与国内外生猪养殖企业的合作与并购，择机与屠宰企业合作与并购，确保饲料、生猪的销售主要通过合作渠道实现；培育工业化、智能化养猪业务新模式，探索低成本养殖解决方案。

3. 中提能力

中提能力是指加大研发投入，实现技术引领。围绕客户需求与市场趋势，研发高端产品、创新技术，并建设研发平台，实现技术高端化；有序推进项目建设（做好土地储备等），推动绿色制造；建立饲料生产、养殖、屠宰一体化，集聚化、园区化的生猪养殖产业基地，降低成本；加大国际化、专业化人才培养力度，根据业务规划确定人才储备需求，加强管理和科技人才队伍建设；制定集团整体融资规划，通过股份定向增发、发行企业债券、设立产业基金等最优组合，

案例一 农牧 AL 公司基于战略转型的"二次创业"◎

为公司发展提供资本保障；提升风险管理能力，实现风险事前、事中、事后全过程管理；提升组织能力，实现两大转化，建立健全集团组织管控、干部管理等管理体系。

案例二
包装印刷 DF 集团的"双轮驱动战略转型"

DF 集团的主营业务为烟标印刷及相关包装材料的设计、生产与销售,它是行业内产业链最完整的包装印刷企业之一。DF 集团经过多年发展已形成以烟标印刷产品为核心,涵盖酒包装、药品包装等在内的中高端印刷包装产品和包装材料研发、设计与生产相结合的业务体系。

一、DF 集团寻求新战略的原因

DF 集团的业务开展虽然比较顺利,但其在发展过程中发现公司主要存在以下两个问题。

一是原有主营业务如何实现高速增长的问题。DF 集团在烟标印刷领域的规模排在行业前列,但在印刷包装行业的总体排名不高,存在领域的局限性。公司的非烟标业务收入比较低,尽管产业链布局较长,但是不论是油墨、纸品、膜品、电化铝等都没有特别突出的市场竞争优势,仅局限在集团内部销售。在其他印刷包装领域布局较少,这会导致难以成为综合性的印刷包装集团,单一市场领域容易受到下游客户行业变局的强烈冲击。因此,原有主营业务如何实现高速增长成了公司面临的问题之一。

二是非相关多元化业务商业模式设计问题。DF 集团在立足烟标印刷核心主业的同时,从 2016 年开始,确立了由"包装印刷产业为核心"向"包装印刷与大消费产业双轮驱动发展"的战略转型,虽然公司前期在品牌汽车隔热膜、健康食品等领域部分涉足,但行业进入时间短,尚处于初创期,暂未进入成长通道。致使 DF 集团战略的种子业务、成长业务暂未形成。

DF 集团如何保持现有业务高速增长,同时开展非相关多元化业务的发展将

案例二　包装印刷 DF 集团的"双轮驱动战略转型"◎

是其重点思考的问题。本案例将基于对 DF 集团现有业务和拟进入的非相关多元化业务的战略分析与战略定位，通过"存量业务精细化、增量业务拉格局"持续打造企业可持续发展能力。

二、DF 集团管理现状诊断

经过对 DF 集团管理现状的诊断，具体结论如下。

（一）过去与未来企业成功要素的转变

在过去多年的发展过程中，DF 集团取得成功的关键因素主要是奋斗、实干的企业文化，高效的组织和团队执行力，品牌及企业资源优势。但未来，公司达成更高战略目标取得成功的关键因素将变为新产品/新技术开发能力、质量控制能力和人才培育能力。对未来经营风险的认知将集中在三个方面：市场受到政策冲击的力度、行业竞争的激烈程度、激励与分配制度是否适应发展需要。

针对目前的客户及市场环境，敏捷的市场能力、产品及技术优势、高效组织和执行力、绩效管理和激励政策、找到快速增长行业是公司急需提升的能力。

在对 DF 集团跨界经营基因的研究发现，通过对 DF 集团的业务模式、业务组合、组织能力以及运作机制等方面的分析，一方面，DF 集团的基因偏重于传统的面向企业客户行业特质，对于产品品牌、技术、成本有天然的敏感性和掌控力，重视资产收益和盈利贡献；另一方面，DF 集团目前所处市场体系的计划性周期性比较清晰，产业链的波动性小，因此，DF 集团的市场敏捷性及商业创新能力并不突出。DF 集团通过一系列业务探索、人才引入和对外投资等措施，目前具有一定的面向个人用户行业的实践经验，但实力仍然有限，需要更多探索以增加对面向个人用户行业的透彻理解，直接进入面向个人用户行业的终端运营，但要在短期内实现具有较高难度。

（二）组织方面

公司目前的组织问题主要体现在人员编制的合理程度、工作量分配的合理程度、集分权水平的合理程度。组织内部需要改进的方面主要体现在战略目标不明确、危机意识薄弱、绩效考核不能体现科学和公平原则等。现有的公司业务流程更侧重于规范化程度，总体反应速度较慢，缺乏以客户视角出发的业务流程设计。

三、DF 集团战略分析

(一) DF 集团外部环境分析

1. 原有印刷主业的机会点

中国印刷行业近年来增速放缓，主要原因在于市场准入门槛不高，中小印刷企业数量众多，进而导致了客户对企业品牌的关注度不够，而随着国家环保政策和上游原材料价格的上升，规模型印刷企业的市场占有率有望提高。

2. "大包装"市场空间可期

印刷包装行业是近年来发展较好的行业之一。与印刷行业相比，包装行业适应了消费升级的中国消费者的潜在需求，未来仍然有很大的市场空间；不论是纸包装还是塑料包装，其在食品、药品、电子产品等领域的应用前景，在未来仍然有比较高的增长机会。同时，包装行业不仅包括包装印刷，还包括了纸板、塑料等包装材料以及塑料容器、金属罐等容器的生产，因此，关注包装印刷企业未来的发展不应当仅仅局限于印刷环节，同样要重视材料领域的生产和研发。未来DF 集团应该在包装消费领域尤其是食品包装领域投入更多的关注度。

3. 提升印刷包装行业的技术创新力、绿色化、数字化、智能化

随着节能环保要求、技术装备水平和工艺水平不断提升，印刷包装行业出现了结构化调整。印刷包装行业的绿色化、数字化、智能化水平显著提高，并成为新的增长引擎。为了适应行业发展，DF 集团应高度重视技术创新，投入重要力量研究绿色化、智能化、数字化，积极研发可循环包装材料、数字化印刷技术，充分利用大数据，积极参与行业标准制定。

4. 消费升级需求持续放大

随着消费升级趋势，包装下游的部分子行业出现了明显的包装精品化趋势，典型的如消费电子行业、烟标行业、酒包行业和化妆品行业。精品包装印刷顺应了消费升级趋势，可显著提升产品附加值，各类名酒、化妆品等消费品都存在升级包装印刷的潜在空间。

(二) DF 集团内部资源与能力分析

1. 全产业链发展

DF 集团实现了从基膜、油墨、涂料、电化铝、镭射膜、复合纸、镭射转移

案例二　包装印刷DF集团的"双轮驱动战略转型"

纸到包装设计、印刷和生产的全产业链条，有效降低了生产成本及质量风险。

2. 领先的技术与工艺研发和服务

DF集团通过不断调整印刷工序、改进印刷工艺、研发新型材料等方式提高了技术和工艺研发水平。全方位、多环节印刷服务可以帮助客户实现从设计到落地的整体效果，从而提高产品包装的设计转化率。

3. 集团化协同优势

DF集团以汕头总部为核心，并在全国范围内实现了集团化生产管理模式。各个生产基地之间发挥协同效应，并充分挖掘公司全产业链的红利，降低生产成本。

4. 客户和品牌优势

DF集团为全国31个重点品牌中的19个品牌长期提供包装印刷服务，客户基础稳定。

5. 生产效率较高，人均产值领先同行业

DF集团的标志印刷主要有胶印、凹印、丝印、烫金、凹凸、模切、品检等环节，由于设备的自动化程度较高，因此产能利用率较同行业处于领先水平。同时，DF集团与其合作公司拥有良好的合作关系，业务覆盖面积广。公司内部远距离的、跨省份的业务协作频繁，因此多地工厂布局优势利于客户快速交付。公司通过多年的实践和探索，不断优化工艺挖潜增效，并在多个工序中拥有专有技术或专利技术，已经为精益生产管理奠定了良好的基础。公司通过不断梳理生产工序，协调好设备之间的匹配性，提高生产的连续性和质量的稳定性，进一步降低次品率和成本费用，缩短生产周期，从而提升了公司精益生产管理的能力。另外，公司不断通过加强生产设备管理、实施人员培训计划、完善质量控制和绩效考核体系等手段不断提升管理水平，管理费用远远低于竞争对手。对生产效率的高要求，也使得公司人均产值领先同行业。

6. 服务为本，增强客户黏性

DF集团始终坚持以客户为中心，在国内标志印刷市场拥有较高的知名度和认可度的同时，将设计打样作为提升客户体验的一项重点工作，着力提升产品设计与打样的能力。通过功能齐全的设计中心，能够为客户提供包装物设计、打样、小试、中试、批量生产的全方位、多环节印刷服务，从而提高产品包装设计转化效率。

7. 战略转型稳步推进，培育新的利润增长点

DF集团在保持以标志印刷为核心的印刷包装产业稳定发展的同时，积极推

进向"印刷包装与大消费产业双轮驱动发展"的战略转型。为公司未来发展培育新的利润增长点。

四、DF集团战略定位

DF集团提出的"印刷包装与大消费产业双轮驱动"的战略转型，其战略目标与方向是非常明确的。之前的战略规划更多都是站在各个产业板块看未来自身的发展，而不是站在整个集团的角度去看。所以，战略定位中的"定模式"至关重要。

结合管理现状诊断与内外部因素分析结论，可以确立DF集团未来战略发展为增长型战略，包括以客户为中心，不断发展与提升自身核心竞争能力，向着更高的目标发展，研发新产品、开拓新市场、转变新模式、提升生产率等。在明确了DF集团的战略选择为增长型战略后，要对DF集团进行战略定位。

（一）产业与板块业务选择

基于DF集团由"包装印刷产业为核心"向"包装印刷与大消费产业双轮驱动"的战略转型，经过详细的分析与研讨沟通，项目组提出DF集团的种子业务、成长业务、核心业务三个层面，并提出DF集团的"三步走"战略。

1. 聚焦主业，外延内拓

内拓主要是加强烟标及其他领域的业务拓展；外延则通过资本运作、平台打造、产业培育和并购、产学研一体化发展等方式进行，旨在打造DF集团核心竞争力。

2. 优化布局，双轮驱动

着力打造"大包装"+"大消费"，动态优化产业布局，加速产业协同效应，进一步提升产业板块竞争力；积极探索新模式、新业态，加强企业投融资职能。

3. 跨界融合，产业升级

参与智慧物联生态圈，进入全生命周期管理模式；与BAT（即百度、阿里巴巴和腾讯三大互联网企业）等互联网企业生态圈融合，作为其中不可或缺的一部分，实现产业升级。

（二）业务优化与配置

DF集团由原有的标志印刷主业向包装印刷综合集团的发展路径分析主要通

案例二 包装印刷DF集团的"双轮驱动战略转型"

过对标分析世界级包装印刷巨头的三种成长路径进行。

1. 技术研发驱动型（典型企业代表：日本凸版印刷株式会社）

以技术研发为驱动的企业的发展动力往往是其在各个领域所掌握的自有技术，以其现金流作为支撑，不断研发新技术、掌握新的生产能力，以此将业务拓宽至多个利润率良好的不同板块。

技术研发驱动型企业凭借良好的资本结构和雄厚的发展资金，可以维持长期稳定的研发投入，持续开发新技术、优化既有技术和业务，使其总能够先于同行业其他企业进入新市场，享受蓝海市场红利，形成良性循环。

2. 客户需求驱动型（典型企业代表：美国当纳利集团）

以客户需求驱动的企业拥有稳定、数量可观的优质客户群，且在客户中有良好口碑，能够利用在既有客户群中的口碑优势在纵向拓展，提供更全方位的服务，更加个性化地解决客户的需求，提升产品附加值，打造产业升级。

具有良好知名度和高市场占有率的行业龙头企业利用好自己具备的优势，以客户群的需求为核心，将原有业务分拆整合、延长服务链条、增加产业附加值，保"质"争"量"，能够更好地在行业成熟期为企业寻找新的活力。

3. 创业颠覆驱动型（典型企业代表：瑞典利乐公司）

以创业颠覆驱动的企业需要拥有对消费者偏好、市场未来发展趋势的前瞻性判断和洞察力，瞄准市场潜在需求进行研发，并在初创期进行较大规模的投入。

创业颠覆驱动型企业的发展往往需要企业有意愿、有能力开发蓝海市场，具有对未来消费偏好和市场发展趋势的精准预判，并据此开发产品并通过全新领域将自己的产品变成市场流行的消费习惯，从而建立起较强的市场地位。在后续发展中，通过产品服务双重升级，扩大先发优势，形成差异化竞争，稳固未来发展。

综上所述，项目组认为技术研发驱动型是该行业的成长的主流。无论是从日本凸版印刷株式会社，还是瑞典利乐公司的案例来看，真正改变市场格局的一定是技术研发驱动型模式，甚至是创业颠覆驱动型模式，但结合以上世界级包装印刷巨头三种成长路径的特征与整体宏观经济形势，项目组建议DF集团阶段性地采用客户需求驱动型模式更符合公司当下情况，而从更长的时间周期来看，技术研发驱动型模式则是首选。

（三）大消费产业转型尝试

基于由"包装印刷产业为核心"向"包装印刷与大消费产业双轮驱动发展"

的战略转型，DF集团应积极拓展面向终端消费者的产品业务。如积极研发生产销售品牌汽车的隔热膜，增加品牌鲜牛奶的生产与销售业务等，并与相关方发起设立消费并购基金，增加在快消费、时尚消费产业方面的调研与投资。

在消费升级所带来的大消费产业增长与发展机遇背景下，公司稳步推进包括消费并购基金在内的大消费产业布局，能够为公司未来发展培育新的利润增长点，有效降低公司的经营风险，从而进一步提高公司的经营业绩。

（四）产业链协同与管理

DF集团目前的竞争优势是客户资源、生产能力和技术实力，未来核心竞争力的建设应立足当前，聚焦于核心业务基础之上的能力，具体体现在以下五个方面。

1. 重点行业客户开发能力

为了保持业绩的快速增长，DF集团需继续保持高端客户开发战略，把在烟标行业的客户开发与服务的经验，提炼为标准化的大营销流程和"铁三角"作战模式，然后在PET基膜与功能膜、健康食品等其他行业快速复制。

2. 解决方案开发能力

行业竞争日趋激励，产品和服务同质化程度严重，DF集团需要加强其在包装印刷领域的技术优势，整合品牌、设计、制造、金融服务等环节的能力，形成以技术为基础，以服务和资本为核心的差异化服务能力，针对不同客户和应用场景的需求开发针对性解决方案。

3. 供应链整合能力

DF集团立足于包装印刷服务解决方案集成商定位基础上，要建立高效的供应链体系，实现高效率、高质量的交付，并保证成本可控。DF集团需要建立一体化的供应链管理平台，对多产品线和多基地在计划体系的统一指挥下集成化运作。DF集团集成供应链范围包含从客户预测和订单到计划、采购、制造、物流的全过程，并通过战略供应商的培育，形成产业链上下游的高效运作。DF集团需要建立开发的合作平台，立足客户端，在自有研发、制造、服务资源的基础上，整合外部资源，以实现不同类型和级别客户的需求，进一步提高投资回报水平。

4. 创新项目整合能力

DF集团应建立企业孵化器机制，通过技术扶持，发挥配套产业优势，亦可获得创新业务机会，取得投资回报。通过技术扶持，配套以DF集团领先的产业优势，为品牌策划、创意设计、包装印刷、健康食品、大数据、新材料、新设备等创业者提供高效便捷的创新创业环境、指导和服务。DF集团还可以通过天使投资、项目跟投、技术收购等方式获得创新业务机会，取得投资回报。

5. 研发整合能力

DF集团应建立技术联盟与合作机制，通过技术牵引、参与行业内外的技术交流，扩大技术影响，解决产业链中存在的技术难题。通过与国内外知名科研机构、高校、学者建立技术转让、共同开发、课题委托等合作模式；与上下游企业合作开展技术攻关，解决产业链中存在的技术难题；广泛参与和主动推动行业和企业标准制定、规划制定和技术方向的牵引；广泛参与行业内外的技术交流，提升DF集团研发整合能力。

在公司董事会及管理层的领导下，公司全体员工齐心协力，坚持以"印刷包装与大消费产业双轮驱动发展"的战略为指导方向，经营业绩实现了稳步提升，核心标志印刷主业、非标志消费品包装、基膜及功能膜、大消费产业方面均有较好发展，为未来公司战略目标的实现奠定了坚实的基础。

… 战略：战略管理方法论与实践 2.0

案例三
轨道交通装备 ZZ 公司战略转型

ZZ 公司成立于 2000 年，公司以"打造轨道交通装备制造行业国际一流企业"为愿景，公司秉持以客户为中心，基于客户需求持续创新，赢得了客户的尊重和信赖，互惠共赢的原则，现已成为中国中车集团有限公司的合格供应商。经过多年发展，已成为一家以轨道交通装备研发、生产、销售和服务的高新技术企业。

一、ZZ 公司战略分析

轨道交通市场分析主要通过行业总体运行情况与下属各主要板块进行分析。轨道交通全产业链较长，上游是基础设施建筑企业，包含土木工程、隧道工程以及工程机械企业。中游是装备制造企业，包括整车制造企业、零部件制造企业以及电气设备企业。上游基础建筑投资直接带动中游轨道交通装备需求，随着国家财政政策的持续投入，未来建设投资仍将高速增长，中游的装备制造行业依然具有较大投资机会。下游主要为公共运营和其他产业。结合 ZZ 公司目前主营业务来看，项目分析的重点主要聚焦在中游轨道交通装备制造行业。

（一）轨道交通行业总体运行情况

"十三五"期间，我国的轨道交通建设新线路 3 万公里，铁路固定资产投资规模可达 3.5 万亿至 3.8 万亿元。2016 年，铁路行业固定资产投资完成 8015 亿元，连续三年保持在 8000 亿元投资规模上。铁路车辆购置费用通常占固定资产投资的 15%左右，因此预计"十三五"期间铁路车辆市场有望达到 5250 亿~5700 亿元。

2016—2018年交通基础设施重大工程建设三年行动计划中，共涉及86个铁路项目，合计计划投资额19743亿元，其中西部铁路项目占24个，合计计划投资额8048亿元，投资占比达40.76%。重点进行西部铁路建设，旨在完善西部路网、增强西部铁路客运的通达性和便利性，解决的是铁路"有无"的问题。

《中长期铁路网规划》首次提出"八纵八横高速铁路网"，至2020年我国铁路网规模达到15万公里，其中高速铁路3万公里，覆盖80%以上的大城市。《中长期铁路网规划》提出打造以沿海、京沪等"八纵"通道和陆桥、沿江等"八横"通道为主干，城际铁路为补充的高速铁路网，实现相邻大中城市间1~4小时交通圈、城市群内0.5~2小时交通圈。

2016—2018年交通基础设施重大工程建设三年行动计划中，中东部城际铁路项目有7个，合计投资1765亿元，合计里程926公里；中东部通道高铁项目有5个，合计投资1458亿元，合计里程945公里。目前，中东部地区通道高铁建设已有很高的完成度，城际铁路建设成为新增长点。

中国在世界拥有高铁的国家中，高铁总里程数位居第一。随着中国经济的发展，人口流动和货物运输需求不断增加，未来铁路总里程将继续扩张。

（二）轨道交通行业细分市场运行情况

1. 动车市场分析

我国的高铁总规模世界第一，人均高铁长度居世界平均水平中游。中国人均铁路线长度也远低于发达国家水平，铁路建设与发达国家差距悬殊，路网完善需求带来的铁路发展空间大。根据《中长期铁路网规划》，未来动车组密度有望增长，高铁市场仍有较高的成长空间。到2020年，我国整车市场将增加超过2500亿元的规模。

2. 城轨市场分析

中国城轨密度总体低于发达国家，城镇化助推城轨需求。特别是我国特大城市轨道交通存在改善空间，轨道交通设施有望进一步完善。城市轨道交通主要以地铁为主，有轨电车和市域快轨发展势头迅猛，未来将有较大的成长空间。在内外因共同作用下，城轨市场爆发期到来，目前对城轨市场爆发的限制主要就源于可申报地铁城市规模的标准暂未调整。城轨建设周期不一，地铁建设周期为4~6年，在建设期间，产业链内各个环节依次受益。

3. 机车市场分析

客运维持增长，货运数据平稳，机车需求受货车和客车影响，仍将保持招标相对高位。2017 年机车采购金额为 75 亿元,市场增长空间趋于平稳。

4. 后市场（检修）分析

铁路提速推动轨交后市场发展空间,随着更多的动车组进入高级检修周期,整个"十三五"期间动车组检修市场空间达千亿级别。空间广阔时机成熟,"走出去"是必然选择,海外零部件市场潜力十足,亟待开拓。

（三）轨道交通行业分析结论

趋势一：中国标准动车采购增量,将进一步推动零部件"国产化"进程

中国标准动车组原则上零部件要实现全面自主生产,预期整车毛利率提升,国内零部件厂商占有率显著增加。而车辆标准统一,有利于大幅度降低维保成本,增加潜在零部件配套的采购数量。

新的中国标准动车组实现了车辆统一、互联互通,具备互操作功能规范,11 个系统的 96 个关键部件均可通用的。中国标准动车组的"标准",意味着今后所有高铁列车都能连挂运营,互联互通。只要是相同速度等级的车,不管哪个工厂出品,不管是哪个平台出品,都能连挂运营,不同速度等级的车也能相互救援。中国标准动车组具备了大规模生产许可条件和上线商业运营资格,我国高铁也迎来了新纪元。

趋势二：动车组检修市场逐步开启,耗材零部件增量需求巨大

截至 2015 年底全国高速铁路运营里程已经达到 1.9 万公里。铁路的发展也推动了车辆的需求,动车保有量由 2010 年的 4408 辆增长至 2015 年的 1.76 万辆。随着车辆保有量的不断增加,车辆的维修需求也在持续扩大。

一列动车组三级修的维修费用大约为 1350 万元,四级修的维修费用大约为 2500 万元。随着更多的动车组进入高级检修周期,整个"十三五"期间动车组检修市场空间达千亿级别。

趋势三：在内外因共同作用下,城轨市场爆发期到来。城市轨道交通景气度高,2022 年城轨总投资额度在 5 万亿左右

随着城市化水平的快速提升,人均道路面积不足、通勤成本上升等是推动行业发展的内在驱动力；而政府外部政策、国内行业技术水平等是限制行业发展的外部刺激。自 2010 年以来轨道交通行业的政策环境逐渐改善,在建设资金、审批速度等方面都进行了松绑,目前对轨道交通行业爆发的限制主要就源于可申报地铁城市规模的标准暂未调整。

按照城市轨道交通规划,2017—2022 年新增营业里程将超过 6000 公里,按照 2014 年和 2015 年城轨总投资额和新增线路计算，每公里投资额大约在 6 亿~7 亿元区间水平，"十三五"期间的实际投资超过 3.5 万亿元总额度，按照截至目前各个地方政府的城轨规划数据计算，2022 年城轨总投资额度在 5 万亿左右。

趋势四：客运维持增长，货运数据平稳，机车需求受货车和客车影响，仍将保持招标相对高位

随着铁路建设的飞速发展，铁路电力机车的需求水涨船高。随着电气化铁路里程增加，电力机车密度同时增加，说明电力机车总量增长迅速，在 2015 年电气化铁路增长超过 100% 的情况下，电力机车维持在 0.3 辆/公里的密度意味着机车实际需求空间巨大。因此，未来机车需求受货车和客车影响，仍将保持招标相对高位。

趋势五：中国高铁走出去的条件已经渐趋成熟，中国高铁"出海"具备条件

随着中国在国际社会中的发言权和影响力越来越大，高铁项目国际竞争不仅比拼技术，更是国家综合国力的较量。在高铁"出海"的过程中，国家层面会给予更多的低成本资金政策支持。在高铁建设上，中国目前是世界上高铁运营里程最长的国家，运行速度最快，中国的高铁大国地位已经获得国际市场的认同，高铁品牌获得了出海的影响力。中国高铁造价在 1.6 亿元/公里~2.1 亿元/公里，而德国、韩国的高铁路基部分造价就超过 2.5 亿元/公里，在成本竞争上，中国高铁更具竞争力，在国内高铁建设积累的丰富经验下，中国高铁的生产建设效率高，同样提升了海外获取订单的能力。

中国高铁的版图已经扩展到了亚、欧、非、美等五大洲数十个国家。在高铁技术上，中国确立了中国标动体系，是目前高速铁路的最高标准，已经具备同美国、德国、法国、日本等发达的轨道交通装备制造国家竞争的实力。随着高铁"出海"策略的持续推进，未来有望在高铁动车组车辆装备取得实质进展。

二、ZZ 公司战略定位

（一）定目标

通过轨道交通行业市场分析，对轨道交通产业链及各细分市场进行深度剖析，并围绕 ZZ 公司未来三年双百亿（百亿市值、百亿营收）的战略目标，分解相关的市场及客户结构目标、核心能力建设。

（二）定方向

为了给 ZZ 公司战略定方向，在此对全球轨道交通制造巨头的成长之路进行分析。全球从事轨道交通装备制造的企业众多，但真正做大做强的却仅有寥寥数家。从 SCI Verkehr 公布的 2016 年全球十大轨道交通装备制造企业营收规模来看，法维莱集团（以下简称法维莱）、克诺尔集团（以下简称克诺尔）、西屋制动公司和安萨尔多公司等最近一个财年的营业收入均超过 10 亿欧元。

1. 平台型企业（典型企业代表：克诺尔）

克诺尔是世界领先的轨道车辆和商用车辆制动系统制造商，业务分为轨道车辆系统和商用车辆系统两个部门。在轨道车辆系统业务方面，分为车载系统、列车服务、制动系统和场外系统四大子系统，产品包括空调技术、门系统、风挡玻璃雨刷系统、制动系统、脱轨探测器、控制部件、驾驶员辅助系统等，应用于地铁、机车、货车、高速列车等不同领域，采取产品+服务双管齐下的经营模式不断做大做强。在商用车辆系统业务方面，主要分为动力系统、底盘系统、制动系统和服务四大子系统，基于气动、机械和电子以及联合控制技术，产品主要涉及商用车辆的动力传动、制动、供气、车身控制系统以及车轮等方面，在空气处理系统、电子控制及驾驶辅助领域具有较强竞争力。轨道交通零部件虽然在功能上相对独立，但不同零部件之间具备协同作用，因此整车采购需要综合考虑供应商的信用、品牌等因素。近年来两大业务部门收入占比相对平衡，通过不断拓展业务、布局多项细分领域，克诺尔加速成长。

克诺尔通过合资+并购的方式对市场横向整合，引入新业务或加强原有业务的实力。自 2000 年开始，通过不断通过收购扩大规模，引入新业务或加强原有业务的实力，克诺尔逐步构建平台型企业，夯实行业领先地位。收购标的以轨交装备行业为主，与经营主业高度相关；且大部分为业内知名的以技术著称的优秀公司，在实现技术补充的同时有助于发挥协同效应，丰富产品线。并购和合资同时也是全球化战略布局的重要一环。以中国市场为例，合资是进入中国市场的主要途径。2005 年至今，克诺尔在北京、上海、广州等 9 个城市陆续建立多个合资公司从事轨道车辆和商业车辆业务，依托合资对手方在当地市场的渠道，业务开展顺利。优质资产并购有效增大了体量，多细分领域布局的协同效应为市占率的提升充当了催化剂，二者共同促使克诺尔成为行业龙头。

轨道交通装备是技术密集型产业，即便历史悠久的国外龙头也依然维持一定的技术研发投入。高度重视自主研发也是克诺尔能成为世界轨交装备龙头不可忽视的重要因素之一。

世界轨道交通龙头企业均致力于提供一站式服务,包含设计研发、生产制造、销售和售后服务等一系列过程,覆盖业务的全生命周期。技术的先进性保障了产品的高质量,而销售和服务则是为产品增值。有效开拓市场,同样离不开销售和服务中心的支持。与客户保持稳定的合作关系,可以通过优质客户及时了解市场动向,进一步向研发中心传导最新信息,建立快速反应机制,进而助力公司迅速满足市场需求。

2. 垂直型企业(典型企业代表:法维莱)

法维莱自成立以来,一直从事与电力信息与控制技术有关的业务,稳扎稳打,谨慎采取业务多元化。其核心业务均历史悠久,可追溯至成立后的40年内。在成立后的第4年,法维莱引入了受电弓业务;第11年开始从事门系统相关业务;第23年首推空调业务部门,这些业务一直延续至今,且仍然为其核心业务。法维莱主要生产供轨道交通使用的各种机电设备,如供电、空调、控制、监控、车门和站台屏蔽门等。其中,空调、车门和屏蔽门技术在全球均处于领先地位,是欧洲以及世界范围内轨道交通产品的先驱。

目前法维莱业务共涉及四大板块,分别为电力系统、制动系统、门系统和相关服务,共涉及大大小小共计22个产品单元和9类服务。其中,电力系统主打受电弓和空调系统;制动系统主要是联轴器、缓冲器等制动装置;门系统包括车门、过道门、内部门和屏蔽门等;同时,法维莱还提供一系列增值服务,包括安装调试、检测维修等。

法维莱主要通过两种途径增强自己的研发实力:一是长期稳定的研发投入;二是并购业内实力强劲的公司,吸收其优秀技术为己所用,进一步稳固自己在行业中的地位。法维莱每年投入研发不断努力提升产品的可靠性,降低成本,加快物流速度与交货时间,为客户提供完善的总体解决方案,也因此赢得客户的信任,成为在世界范围内轨道交通的首选伙伴与供应商。同时,法维莱也从未停止相关并购的脚步,有所为有所不为,专注铁路运输设备及塑料业务。自1992年以来一直贯彻精耕细作的战略选择,其后陆续在所涉领域进行了多次大规模并购,均为机电设备(包括空调系统)、门系统和制动系统方面的优秀公司。通过并购,不仅扩大了自己的体量,更吸收容纳了行业的先进技术,储备行业技术人才,进一步增强了研发实力,为巩固行业地位奠定基础。

综上可知,"内生+外延"方式+国际化模式是轨道交通装备制造行业成功的不二法门。

无论是兼容并包,利用协同效应巩固地位的平台型企业克诺尔,还是精耕细作,做细分领域最强者的垂直型企业法维莱,其核心业务处于国际领先水平,在全球具有极高的竞争力。以中国市场为例,克诺尔在制动系统、闸片以及门系统方面占据优势市场地位,依靠优势业务稳扎稳打,在过去很长的一段时间内牢牢掌控中国市场。同样,法维莱更是依靠自己一贯主打的门系统和空调等机电系统进入中国市场,凭借较强的品牌声誉在中国占据一席之地。当核心业务发展遇到瓶颈时,平台化型企业通过外延发展助力市场规模逐步扩大,成就大而强的行业巨头;而垂直型企业则通过外延发展继续精耕细作,逐步扩大其市场份额,成就卓尔不群的行业巨头。

同时纵观世界级轨道交通零部件企业,极少有能"偏安一隅"者,"走出去"是企业发展壮大的必然选择。因此,ZZ公司可以从本土市场起步,逐步布局欧洲、美洲和亚太等地区,以全球市场为依托,突破本土市场的"天花板"。

过去几年的发展历程,是ZZ从低点再次爬坡的过程,营收增长的同时,利润并未同步增加,未来如何提升内部精细化管理,将是ZZ在下一阶段要关注的重要命题。面向未来,轨道交通的爆发式增长已形成风口,如何把握这个时间窗,不仅要继承原有的优秀经验,更要在此基础上适应环境的演变要求,升级市场打法和平台能力。ZZ公司正处于战略转型期种子业务、成长业务暂未形成,如何找到行业增长点,推动公司可持续发展。ZZ公司可以通过"内生性"+"外延性"并举,加速企业发展。

第一层面是ZZ公司的核心业务,即公司目前的轨道交通装备系列产品,这块业务占公司销售比例较大,是公司现金流的重要来源,具有较高的市场地位,但成长性不强。未来主要可以通过内生性的增长策略,维持市场地位,巩固竞争优势,也可以通过成本降低、产品重组及管理优化来发掘利润潜力。

第二层面是ZZ公司的成长业务,即选择与相关上下游等企业共同组成生态链渠道融合模式,一举成为集成轨道交通装备系统化解决方案供应商。这块业务成长迅速,且有较大的发展空间,属于公司未来几年的核心业务,需在关键成功要素上加大投入,迅速抢占行业领先地位。

第三层面是ZZ公司的种子业务,即公司投资并购与尝试性进入业务,这块业务市场前景尚未明朗,风险较高,未成形稳定的业务模式。未来主要通过外延性的增长策略,不断寻求市场机遇,业务模式的尝试及其完善。在路径的选择上,上游可选择并购,即可选择同业间的并购。如:国内外轨道交通装备制造企业,特别是上游生产厂家的并购,亦可选择具有一定的业务协同作用,其他轨交核心零部件领域的并购。亦可选择后向一体化整合,通过原有的多个检修基地业务辐射周边区域,形成样板效应后,迅速复制到周边市场,打通轨道交通装备后市场(检修)。

(三) 定模式

1. 竞争战略

运用竞争战略理论,项目组认为 ZZ 公司适宜采用差异化战略与集中战略相结合的"集中的差异化"竞争战略。

采用"差异化战略"原因:铁路行业在中国市场化程度较低,竞争并不像其他行业激烈,客户相对价格并不太敏感。在相对半封闭市场中,差异化战略产生了高边际收益增强了企业对付供应商讨价还价的能力。客户对服务的个性化需求较大,容易产生溢价空间。作为轨交装备核心零部件,产品差异化明显;存在一定的技术壁垒。ZZ 公司具备产能规模、配套资源、技术领先等优势,具备实施差异化战略的基础。

采用"集中战略"原因:资源与能力的限制,由于轨交行业属于重资产行业,进入的企业规模与实力都非常雄厚,且在很多细分领域依然形成寡头垄断局面。作为轨交装备核心零部件采购单价较高,但客户相对单一,主要以主机厂及路局为主。

2. 竞争定位

在具体市场分级基础上,项目组建议 ZZ 公司的竞争定位角色为核心市场的领导者、重点市场的挑战者、潜力市场的跟随者。

3. 价值链重构

明确 ZZ 公司的战略方向之后,通过商业模式设计或重构,来确定企业独特的价值主张。

(1) 战略管理能力:抓住先机,战略先行。掌握轨道交通行业相关政策和行业趋势、竞争对手变化等,更好地进行提前布局做出战略规划、战略执行等,为决策提供准确的预测和判断数据。

建立一套 ZZ 公司特有的战略制定及执行的模式和方法论,将有利于公司及各业务单元战略目标的实现;完善公司战略规划、审核、执行等功能,在组织和流程上为战略规划和实施提供充分保障,制定与战略管理流程相配套的管理制度。

(2) 研发管理能力:提升实验和研发能力。轨道交通装备是技术密集型产业，维持一定的技术研发投入，始终保持研发的领先性与稳定性，彰显对技术创新的重视。

建立"指挥中心+转化中心+情报中心"的综合研发平台，加强研发市场化：建立研发与市场的关联关系、降低研发投资、减少商业风险，加快产品开发速度；整合和扩展产品和服务，满足客户的全面需求。

（3）智能制造管理能力：推动由传统制造向智能制造转型，实现向"自动化""数字化""智能化"不断升级转型。通过自动化、数字化、智能化解决生产效率、服务质量和运营效率低下的问题。推动 ZZ 公司制造转型升级，实现"规模化扩张"向"技术性创造"质变的飞跃。

（4）客户营销管理能力：巩固高铁新造市场，积极开拓检修市场、非高铁市场的业务。积极调整销售模式、产品结构和服务模式；通过轨道交通核心零部件一站式服务，覆盖业务的全生命周期；技术的先进性保障了产品的高质量，而销售和服务则是为产品增值；有效开拓市场，同样离不开销售和服务中心的支持；通过增加产品的技术壁垒、开发新产品等，应对市场变化。

（5）集成供应管理能力：ZZ 公司集成供应链关注整体的目标，实现内外部的集成。在供应链总成本、交付质量、交付效率、对研发的支持、可靠客户关系方面要在行业处于领先地位，要建立供应链对标的机制，为每一家客户建立供应链指标领先的计划；实现高效率、高质量的交付，并保证成本可控。

（6）人力资本管理能力。配合战略要求构建科学有效的人力资源管理机制，ZZ 公司的人力资源目标是成为"战略业务伙伴"和"变革推动者"。从四个维度——人才选拔任用（选对人才）、人才任职资格（用对人才）、人才培训培养（发展人才）、人才绩效管理（评估人才）——发展企业人才建设，激活组织活力。

（7）信息资本管理能力。建立一套领先的流程管理体系，将有助于通过流程与 IT 技术固化人的行为，将能力建立在组织上；建立集成化的公司流程，打通各业务之间的部门墙，改善跨部门的流程接口；重点是生产运营和基于设备的端到端流程；将授权、内控、风险管理等等落脚到流程的节点中去，使整体效率最大化。

（8）资源整合管理能力。资源整合与收购并举，拓宽现有产品线；利用股东优势，争取参与产业链合作；通过收购上下游轨道交通核心零部件，形成产品线完整性与资源互补性。

（9）通过专业化领域并购，实现跨越式增长。ZZ 公司业务仅仅通过内生性

(存量+增量）整合，无法实现弯道超车的战略目标，需设立投资发展部门全面培育项目投前（项目筛选和尽职调查能力）、投中（交易谈判能力）和投后（项目管控和运作能力）管理，提高投资管理水平。

综上所述，围绕ZZ公司未来三年双百亿（百亿市值、百亿营收）的战略目标，通过对原有商业模式的重构，对主价值链上的研产供销与支撑价值链的人力、信息、组织资本进行调整，确保"力出一孔，利出一孔"，以实现ZZ公司既定的战略目标。

附件
战略执行能力成熟度评价表

一级评估要素	二级评估要素	等级	标准	评分人1	评分人n
战略管理	战略规划	5	主导：跨行业领先实践	能够基于自身的资源和优势，并结合外部环境的趋势变化，在多个领域有清晰的战略目标、战略定位、战略实施路径，获得多领域的成功		
		4	优化：行业领先实践	在单个行业内基于自身的资源和优势，结合外部环境的趋势变化，有清晰的战略目标、战略定位和战略实施路径，并获得预期的行业成功		
		3	实施：行业竞争	能够分析自身优势和外部环境变化趋势，例行开展战略目标、定位和实施路径的研讨，并能将规划落入到主要负责人的考核当中		
		2	发展：具备基本的能力	有例行的战略规划机制和组织保障，能够定期开展战略目标、定位和实施路径的讨论，并能形成书面文件		
		1	注意：不成熟或无效	没有例行的战略规划机制，有部分战略思考，但战略目标不清晰、无定位和实施路径		

附件　战略执行能力成熟度评价表 ◎

续表

一级评估要素	二级评估要素	等级	标准	评分人1	评分人n
战略管理	战略执行	5　主导：跨行业领先实践	能够将战略目标按照平衡记分卡的原理按照客户、财务、内部运营、学习与成长四个维度进行分解，将战略转化为可操作的行动；能够在业务和职能部门之间创建组织协同，实现从组织到个人层面纵向协同；具备及时调整机制，是战略成为可持续的流程		
		4　优化：行业领先实践	能够将战略目标按照平衡记分卡的原理按照客户、财务、内部运营、学习与成长四个维度进行分解，战略目标具备较为清晰的实施路径，分别落入到主要负责人的考核当中去；实现组织协同，具备及时调整机制		
		3　实施：行业竞争	能够将战略目标进行基本的分解，分别落入到主要负责人的考核当中去；战略目标可以分解到行动，具备及时调整机制		
		2　发展：具备基本的能力	能够将战略目标进行基本的分解，部分形成关键的任务，部分落到主要负责人的考核		
		1　注意：不成熟或无效	没有战略目标分解或者基于战略目标的考核，战略停留在口头层面，没有组织保障		
	战略评估	5　主导：跨行业领先实践	具有非常清晰有效的战略分析评估、战略选择评估和战略绩效评估；能够把所涉及的问题、过程、部门或体系等看成一个系统，通过定性分析与定量评判两种手段达到全面评估的目的		
		4　优化：行业领先实践	具备事前事中事后评估机制，能够通过有效的定量和定性的评判来全面评估		
		3　实施：行业竞争	具备大部分的事前事中事后评估机制，具备定量和部分定性评估指标		
		2　发展：具备基本的能力	具备部分评估功能，比如事后评估，即战略绩效评估，具备一定的定量评估指标		
		1　注意：不成熟或无效	没有建立起评估机制，仅有部分定量的评估指标		

◎ **战略**：战略管理方法论与实践 2.0

续表

一级评估要素	二级评估要素	等级		标准	评分人1	评分人n
市场管理	理解市场与市场细分	5	主导：跨行业领先实践	建立了完备的市场调研体系和市场数据库，例行对市场进行分析，能够通过市场分析和数据来制定业务策略；有清晰的市场细分标准和目标细分市场的分析数据和结论		
		4	优化：行业领先实践	有完备的市场调研机制，例行对市场进行分析，有较为清晰的目标细分市场的分析数据和结论；能够将分析结论和数据来指导市场细分和目标市场选择		
		3	实施：行业竞争	建立了市场调研和信息收集的机制，例行对市场进行分析，具备市场细分和目标市场选择的标准		
		2	发展：具备基本的能力	例行进行市场调研和收集市场信息，有部分分析结论，初步具备市场细分的标准		
		1	注意：不成熟或无效	偶尔收集市场信息，市场细分和目标市场选择不够明确		
	组合分析与业务计划制订	5	主导：跨行业领先实践	能够对各细分市场进行排序，从市场吸引力和竞争地位两个维度进行评估，有效选择进入市场吸引力大且竞争地位高的细分市场；再对每一目标细分市场进行详细的 SWOT 分析；确定每一目标细分市场的定位，并详细制定多业务要素，包括产品包、价格、分销/渠道、集成营销传播、技术支持、订单履行的策略和计划等，和对风险进行评估		
		4	优化：行业领先实践	能够对各细分市场进行排序，从市场吸引力和竞争地位两个维度进行评估，选择进入市场吸引力大且竞争地位高的细分市场；再对每一目标细分市场进行 SWOT 分析；确定每一目标细分市场的定位，制定多个业务要素，包括产品包、价格、分销/渠道、集成营销传播、技术支持、订单履行的策略和计划等，和对风险进行评估		

附件 战略执行能力成熟度评价表

续表

一级评估要素	二级评估要素	等级		标准	评分人1	评分人n
市场管理	组合分析与业务计划制订	3	实施：行业竞争	能够对各细分市场进行排序，选择进入有潜力的、有资源和优势的细分市场；对每一个目标细分市场制定因地制宜的市场策略和业务计划		
		2	发展：具备基本的能力	能够根据自身的资源和优势选择目标细分市场，对每一个目标细分市场制定不同的业务策略		
		1	注意：不成熟或无效	对目标细分市场的选择不够严谨和规范，缺乏不同市场的不同业务策略		
	管理业务计划并评估效果	5	主导：跨行业领先实践	使用平衡记分卡的方法来跟踪业务计划的表现，使管理层能够了解所有产品线、细分市场和产品包的表现。根据相关业务计划的目标来评估绩效，包括收入、利润、市场份额、客户满意度和忠诚度、营销效率、技能资源等。通过这些评估分析，可能会需要进行战略上的改变，自我优化或需要重新平衡组合。这些指标是管理系统不可分割的一部分，同时存在明确的市场管理的责任人		
		4	优化：行业领先实践	使用平衡记分卡的方法来跟踪业务计划的表现，使管理层能够了解所有产品线、细分市场和产品包的表现。根据相关业务计划的目标来评估绩效，包括收入、利润、市场份额、客户满意度和忠诚度、营销效率、技能资源等。有明确的市场管理责任人		
		3	实施：行业竞争	能够例行审视业务计划的表现，有多个维度评估的指标，有明确的市场管理责任人		
		2	发展：具备基本的能力	能够例行审视业务计划的表现，选择了部分市场管理的指标，有明确的责任人		
		1	注意：不成熟或无效	对业务计划的评估和管理不规范不例行，只选择了部分市场管理的指标，没有明确的责任人		

149

续表

一级评估要素	二级评估要素	等级		标准	评分人1	评分人n
研发管理	研发需求管理	5	主导：跨行业领先实践	需求管理流程设置合理，责任主体明确、输入输出和流程的制度建设都非常完善；需求收集内外部渠道全面且畅通，需求过滤和分析清晰明确可排序，需求分发有多个路径（包括业务计划、路标规划、项目任务书、在研产品等），需求实现清晰可控，需求验证有多个环节以及评审测试确认多种手段，能够通过以上流程确保用户需求准确落入到研发产品中，流程高效可控，并可以进行自我优化和调整		
		4	优化：行业领先实践	有成熟的需求管理流程，需求收集内外部渠道全面且畅通，需求过滤和分析清晰明确可排序，需求分发有多个路径（包括业务计划、路标规划、项目任务书、在研产品等），需求实现清晰可控，需求验证有多个环节以及评审测试确认多种手段；能够通过以上流程确保用户需求准确落入到研发产品中，流程高效可控		
		3	实施：行业竞争	有较为成熟的需求管理流程，需求收集全面有效，需求实现和验证满足度较好		
		2	发展：具备基本的能力	部分具备需求管理流程，虽然存在多次需求确认和变更，但能基本满足用户需求		
		1	注意：不成熟或无效	需求管理流程不够明确，研发项目可控度较差，用户需求满足度低，重复出现相同问题，存在多次拖延返工现象		

附件 战略执行能力成熟度评价表 ◎

续表

一级评估要素	二级评估要素	等级	标准	评分人1	评分人 n
研发管理	系统/软件开发	5	主导：跨行业领先实践	经由发展过程的定量反馈机制，不断产生新的思想，并研究新的技术来最佳化相关过程；组织及项目必须追求持续的、可度量的过程改进。包括缺陷预防、技术更新管理和流程改造管理		
		4	优化：行业领先实践	对于软件开发过程和产品质量都有很好的归纳，产品成果和发展过程都可以用数量方式控制；可界定流程变异之特殊原因，并适当地矫正该特殊原因之症结，以防再度发生，强调对软件发展过程及产品品质的定量管理		
		3	实施：行业竞争	软件开发的工程活动和管理活动已标准化，且被集结成一个组织的标准的流程资产；所有软件的发展和维护都在这个标准基础上制定与执行		
		2	发展：具备基本的能力	建立了基本的项目管理过程，按部就班地发展系统、追踪费用、根据项目进度表来进行发展。对于相似的项目，可以重复使用以前的经验及成果		
		1	注意：不成熟或无效	不确定的工作方式；没有固定流程、无法提供稳定环境、资源，无法估计人力，无法有效运用，经常超出项目时程及预算；成功经验无法重复，多数情况只靠少数有经验的人才能完成		
	人员能力	5	主导：跨行业领先实践	具有两个以上领域/行业的资深开发能力，有多个成功的系统开发及创新实践，具备超前的问题预见定位能力和快速解决能力，有行业领军人物；程序设计逻辑性强、代码功能符合设计要求，结构科学，可复用度强，有完整的注释；能够主动对代码进行重构优化、编写注释；能够主动、多次、多方面对代码进行调试，尽可能减少其出错的风险，平均每千行代码缺陷率低于1%；文档结构清晰，描述准确，截图清晰		

151

◎ **战略**：战略管理方法论与实践2.0

续表

一级评估要素	二级评估要素	等级	标准	评分人1	评分人 n
研发管理	人员能力	4 优化：行业领先实践	具有一个以上领域/行业的资深开发能力，有1个以上成功的系统开发及创新实践，具备超前的问题预见定位能力和解决能力，有行业领军人物；程序设计逻辑性强、代码功能符合设计要求，可复用度强，有部分注释；仅对代码进行多次、多方面调试，调试结果优良，平均每千行代码缺陷率高于1%，但低于2%；文档结构清晰，描述准确，截图清晰		
		3 实施：行业竞争	有1个以上成功的系统开发，具备问题预见定位能力和解决能力；人员素质具备行业领先水平；程序设计有一定的逻辑性、代码功能符合设计要求，部分可复用，有部分注释；仅对代码进行多次、多方面调试，调试结果优良，平均每千行代码缺陷率高于1%，但低于2%；文档结构清晰，描述准确，截图清晰		
		2 发展：具备基本的能力	具备基本的软件开发能力，问题预见定位能力一般，解决问题同时对业务有部分影响；人员素质处于行业平均水平；程序设计有一定的逻辑性、代码功能符合设计要求，无封装，无可复用度，无注释；仅对代码进行一般性调试，调试后的代码仍存在一些问题，平均每千行代码缺陷率高于2%，但低于5%；文档结构稍显混乱，但描述准确，截图清晰		
		1 注意：不成熟或无效	具备基本的软件开发能力，基本不具备问题预见能力，解决问题同时对业务有较大影响；人员素质处于行业中下水平；程序设计逻辑性差、代码功能不符合设计要求；不做调试，代码运行出错风险不可控，平均每千行代码缺陷率高于5%；文档结构混乱，口语性文字较多，描述不够准确，所配截图也不符合文字描述		

附件 战略执行能力成熟度评价表 ◎

续表

一级评估要素	二级评估要素	等级	标准	评分人1	评分人n
产品管理	产品开发	5	主导：跨行业领先实践	多个行业的大部分产品在行业内具备领先优势和独特的竞争力；能够通过有效的市场定性定量分析，分区域、分产品类型精确指导和定位产品开发，确保开发产品有足够的市场潜力和市场竞争力；能够基于客户需求的定性定量分析有效地进行产品组合，屏蔽主要竞争对手，开辟业务蓝海，进一步扩大销售规模和盈利，扩大业务范围		
		4	优化：行业领先实践	一个领域内大部分产品具备领先优势和独特的竞争力；能够通过分析和定量数据，有目的有策略的开发产品；能够基于客户需求分析进行产品组合，并具备较强的竞争力		
		3	实施：行业竞争	所开发的部分产品具备竞争力，在某些区域市场或某种类型产品上有一定领先优势；有一定的产品开发策略；产品组合在行业内具备一定的竞争力，有部分明星类产品；总体上和主要竞争对手持平或略微领先		
		2	发展：具备基本的能力	只有小部分产品有一定竞争力；产品开发策略不清晰；产品组合竞争力较差或没有组合能力；总体上产品竞争力处于下风		
		1	注意：不成熟或无效	产品开发没有策略，产品竞争力差，没有产品组合		
	资源控制	5	主导：跨行业领先实践	在多个领域/行业/产品上，能够对大多数上游优质供应商资源建立起独家的战略合作，享有行业内最大的成本优势		
		4	优化：行业领先实践	在单个领域/行业/产品上，能够对大多数供应商资源建立起独家战略合作，享有行业内较低的成本优势		

153

◎ **战略**：战略管理方法论与实践2.0

续表

一级评估要素	二级评估要素	等级		标准	评分人1	评分人n
产品管理	资源控制	3	实施：行业竞争	能够对部分供应商建立起战略或独家合作，在某些产品类型和区域上具备资源优势，部分产品具备成本优势		
		2	发展：具备基本的能力	与小部分供应商建立起了有效合作，有一定的非战略或关键供应商的资源优势，总体竞争力较弱		
		1	注意：不成熟或无效	与小部分供应商建立起了合作，基本没有资源优势，总体竞争力差		
	产品策略	5	主导：跨行业领先实践	能够进行有效的产品或业务模式设计（比如包房等）、针对不同产品和客户制定不同的定价策略和规则、不同客户类型制定不同的销售策略，以及有效的促销手段；确保大部分产品竞争力在行业内具备绝对领先的地位		
		4	优化：行业领先实践	能够进行有效的产品或业务模式设计（比如包房等）、针对不同产品和客户制定不同的定价策略和规则、不同客户类型制定不同的销售策略，以及有效的促销手段；确保大部分产品竞争力在行业内具备领先的地位		
		3	实施：行业竞争	能够进行产品或业务模式设计（比如包房等）、具备较为清晰的定价策略和规则、不同客户类型制定不同的销售策略，以及有效的促销手段；部分产品具备较强的竞争力		
		2	发展：具备基本的能力	具备基本的产品和业务模式设计，有零散的定价策略、渠道策略以及促销手段；部分产品具备一定的竞争力		
		1	注意：不成熟或无效	无产品和业务模式设计能力，在定价、渠道、促销上没有策略和规则，只是跟随对手		

附件 战略执行能力成熟度评价表

续表

一级评估要素	二级评估要素	等级	标准	评分人1	评分人n
销售与推广	客户开发	5	主导：跨行业领先实践	具有行业客户的数据和数据分析能力，能够制定客户扫描地图；客户开发策略清晰，完美的匹配客户需求，解决客户痛点，在同行业中有最强的吸引力；能够指令性定向开发行业大客户，并通过战略合作，共同成长和发展，持续锁定大客户，并持续带来高于平均增长率的贡献		
		4	优化：行业领先实践	具备行业客户的数据和数据分析能力，通过一定的客户开发策略，有效的匹配客户需求解决客户痛点；指令性开发行业大客户和有潜力的中小客户，通过战略合作，与客户共同发展，带来高于平均增长率的贡献		
		3	实施：行业竞争	具备基本的行业客户分析能力，能够对大客户定向开发，并一定程度上解决客户痛点和问题，锁定部分行业大客户和有潜力的中小客户，和客户共同成长		
		2	发展：具备基本的能力	能够定性的判断行业客户的基本状况，有一定的客户开发策略，能够解决部分客户问题，和部分客户有一定的合作紧密度		
		1	注意：不成熟或无效	基本没有对客户的认知情况，客户开发策略不够清晰，对客户基本没有吸引力		
	客户维护	5	主导：跨行业领先实践	具备周全的客户资料信息数据库，并定期更新；对客户建立起分层分级的管理和服务标准；具有聚焦优质资源服务优质客户的机制；能够对客户业绩定期例行地进行分析和审视，对成败原因进行深入剖析，并形成经验和教训纳入后续客户服务的准则中去；能够建立例行的联络和回访机制，并形成清晰的文档记录，定期对记录进行分析，提炼客户维护的成败风险，并及时采取预防措施；能第一时间投入公司最大资源的解决客户投诉；建立了例行的客户满意度调查机制，并能将调查结果应用到对客户服务准则的改进中；客户满意度在同行中遥遥领先		

155

◎ **战略:战略管理方法论与实践 2.0**

续表

一级评估要素	二级评估要素	等级	标准	评分人 1	评分人 n
销售与推广	客户维护	4	优化:行业领先实践	建立了详细的客户资料数据库,并定期更新;对客户建立了分层分级的管理和服务标准;聚焦精力服务优质客户;定期对客户业绩进行分析和审视,并对问题及时采取措施;建立了例行的客户联络和回访机制,能够形成文档记录,对客户维护的风险及时采取预防措施;能第一时间投入公司最大资源的解决客户投诉;建立了例行的客户满意度调查机制,并能将调查结果应用到对客户服务准则的改进中;客户满意度在同行中处于优势地位		
		3	实施:行业竞争	具备客户资料数据库并定期更新;对客户建立了分层分级制度,但管理和服务标准不明确;能够对大客户给予更多的关注;例行审视客户业务,例行维护客户联络和回访,对客户的问题和抱怨能够及时处理;建立了例行的客户满意度调查;客户满意度在同行中处于持平或稍微领先的地位		
		2	发展:具备基本的能力	具备客户资料数据库,不定期更新;对客户有模糊的分层分级管理,但服务标准没有明确;不定期地维护客户联络,对客户的问题和抱怨有处理,但不够及时;有零星的客户满意度调查;客户满意度在同行中处于中下水平		
		1	注意:不成熟或无效	建立了基本的客户资料库,基本不更新;对客户没有分级机制;对客户的投诉不够重视;没有客户满意度调查机制;客户满意度在同行中处于明显的下风		

附件 战略执行能力成熟度评价表 ◎

续表

一级评估要素	二级评估要素	等级		标准	评分人 1	评分人 n
销售与推广	推广促销	5	主导：跨行业领先实践	在多个领域都具备领先的推广策划能力，有明确的推广和促销计划，每次活动具备详细的方案、目标和预期收益；有详细的活动后收益评估机制；推广的渠道和受众面广；每次推广和促销活动获得的收益超出预期，同时带来公司品牌和口碑的提升		
		4	优化：行业领先实践	具备领先的推广策划能力，有明确的推广和促销计划，每次活动具备详细的方案、目标和预期收益；有详细的活动后收益评估机制；推广的渠道和受众面广；每次推广和促销活动获得的收益超出预期，同时带来公司品牌和口碑的提升		
		3	实施：行业竞争	有较强的推广策划能力，有零散的推广和促销计划；每次活动具备详细的方案和目标；活动后有评估机制；推广渠道和受众面较广；每次活动收益基本达到预期；对公司品牌和口碑有一定的提升		
		2	发展：具备基本的能力	推广策划能力一般，没有推广促销计划，按需开展；活动方案和目标不够详细，事后基本没有评估机制；推广渠道和受众面一般并长期没有更新和改善计划；活动达不到预期效果，时好时坏，甚至有时对品牌有一定的损害		
		1	注意：不成熟或无效	零星地开展推广促销活动，活动方案简单粗糙，没有事后评估；活动总是达不到预期，总体收益是负的		

◎ **战略**：战略管理方法论与实践 2.0

续表

一级评估要素	二级评估要素	等级		标准	评分人 1	评分人 n
服务与运营	系统服务	5	主导：跨行业领先实践	系统已经实现了网络效应与品牌性，形成了以自身为核心的商业生态系统，在商业生态系统内具有话语权。系统依靠维持商业生态系统正常运作，拓展新的业务市场，实现网站拓展价值以及保持自身的持续竞争优势，获利能力强，利润来源多样。运营团队相对稳定成熟		
		4	优化：行业领先实践	基于对沉淀数据的挖掘和处理，通过不断创新，系统形成了新的延伸性业务来满足现有市场用户深层次的需要，形成了核心竞争优势。网站运营团队成员出现了具备数据挖掘与分析技能的专业人员，形成具有创新精神的激励机制		
		3	实施：行业竞争	系统主要依托现有的产品和服务满足现有和潜在用户的需要，系统处于稳定成熟阶段，大量用户和业务数据在平台沉淀，开始产生较为稳定的现金流，形成核心竞争优势。运营团队成员呈现多样性且专业化，管理和运营制度健全		
		2	发展：具备基本的能力	系统主要依托现有的产品和服务满足现有和潜在用户的需要，系统处于快速成长阶段，大量用户和业务数据在平台沉淀，开始产生较为稳定的现金流，开始出现阶段性盈利，但还未形成核心竞争优势。运营团队成员主要表现为大量业务人员出现，管理和运营制度逐渐健全		
		1	注意：不成熟或无效	系统服务主要呈现出盈利模式不清晰，处于不断地调整变化中，盈利前景不明朗。一般处于建设和试运营阶段，缺乏健全的管理和运营制度，运营团队主要以技术团队为主，团队成员角色不完整，主要依赖个人能力，系统运营过程不稳定		

附件 战略执行能力成熟度评价表 ◎

续表

一级评估要素	二级评估要素	等级	标准	评分人1	评分人 n
服务与运营	人工服务	5	主导：跨行业领先实践	公司把重点放在对过程的持续改进上，有意识地找出过程的弱点与不足，以达到预防缺陷的目标，同时，分析有关过程的有效性信息。对新技术进行成本效益分析，提出对过程的改进建议。该过程可以自行改进，包括循序渐进式和革新式。服务过程的持续改进已作为日常业务加以策划和管理		
		4	优化：行业领先实践	公司对服务确立了定量的质量目标，并且度量清楚、连续，对所有服务项目的重要过程都进行质量度量。因此，服务具有可预期的高质量，公司实现了过程定量化		
		3	实施：行业竞争	服务提供和管理活动集成一个有机整体，建立了专门的小组负责制定和实施标准服务质量，结合具体客户需求，标准服务可经裁剪，形成顾客需求定义服务。服务质量已实现了标准化，更具稳定性、重复性和可控性		
		2	发展：具备基本的能力	建立了管理服务质量的策略以及实现这些策略的过程，基于以往案例成功的经验来计划管理新案例，服务质量已制度化。服务计划和跟踪是确定而有效的，服务质量过程是可控的，已有的成功经验是可复制的		
		1	注意：不成熟或无效	服务过程、进度、预算、功能、质量不可预测，遇到问题时，常常放弃原定计划，而只专注于解决现有问题，没有长远的计划和相应的控制		

◎ **战略**：战略管理方法论与实践2.0

续表

一级评估要素	二级评估要素	等级		标准	评分人 1	评分人 n
服务与运营	问题处理	5	主导：跨行业领先实践	问题处理充分满足客户需求，问题覆盖兼顾全面性和个性化。问题处理渠道丰富、易获得，且各渠道有效整合。企业内部分工明确，配有专门的组织资源从事问题处理工作。配有专门的资源对问题进行归类分析，制订处理方案，并持续对处理方案效果进行监控分析优化。问题处理可纵向固化到企业运作流程中，横向能够调动企业各项资源协同处理疑难问题。问题沟通具有前瞻性，沟通方便，客户对问题处理的价值认知程度高，问题类型及预期结果的认知程度高		
		4	优化：行业领先实践	问题处理能够满足客户需求，问题覆盖具有全面性。问题处理渠道多种、易获得，且各渠道有效整合。企业内部分工明确，配有专门的组织资源从事问题处理工作。定期对问题进行归类分析，制订处理方案。问题处理可纵向固化到企业运作流程中，横向能够调动企业各项资源协同处理疑难问题		
		3	实施：行业竞争	问题处理基本满足客户需求，问题有一定的归类。客户可获得明确的问题处理渠道。企业内部问题处理配有组织资源，企业对问题处理有一定的规则		
		2	发展：具备基本的能力	问题处理难以满足客户需求，问题类型随机性大。客户能够寻找到可处理问题的企业员工，但问题处理多依赖企业的高层领导人员。企业内部问题处理有一定的责任人，企业多采取尽力推诿、拖延的解决方式		
		1	注意：不成熟或无效	问题处理难以满足客户需求，问题类型随机性大。问题处理渠道闭塞，客户难以获得渠道。企业内部问题处理分工职责不清，一事一议		

附件 战略执行能力成熟度评价表 ◎

续表

一级评估要素	二级评估要素	等级	标准	评分人1	评分人n
服务与运营	运营效率	5	主导：跨行业领先实践	高度标准化和自动化的运营方式，各项业务已通过技术解决，在时间可空间上能够进行集成，领先于行业的内部成本。运营流程覆盖至前端供应商与后端客户，充分进行的产业链信息化集成。形成行业生态圈		
		4	优化：行业领先实践	标准化和自动化的运营方式，主营业务已通过技术解决，行业领先，运营效率处于行业领先位置。企业成为行业的标杆，运营效率成为企业核心竞争力之一		
		3	实施：行业竞争	自动化的主营业务流程，运营效率在行业中具有竞争力，不弱于主要竞争对手		
		2	发展：具备基本的能力	运营效率能够满足企业需求，有一定的成本用于内部沟通和内耗，效率略低于主要竞争对手		
		1	注意：不成熟或无效	机构繁复，人员冗余，运营效率处于行业末端。企业运营成本用于内部沟通和内耗		
财务	财务管理	5	主导：跨行业领先实践	高度标准化和自动化的财务流程，核心的流程在企业范围内是自动的、标准化和一体化的，同时与财务核心管理任务紧密结合，有效促进企业价值的增值。财务组织灵活的职责界定和激励机制与业务需求高度一致。整合的、专门化、自动化的信息工具实现对企业战略和运营进行全球化的实施预测、计划和监控		
		4	优化：行业领先实践	清晰、整合并一致的财务流程，与战略目标相结合的方法评估绩效，在公司内部全面、深入、有效地沟通，组织架构清晰定义，并且灵活高效，高度整合的信息系统，能与业务开展有效互动。与业务部门结成了紧密的伙伴关系，一体化		

◎ **战略：战略管理方法论与实践 2.0**

续表

一级评估要素	二级评估要素	等级	标准	评分人 1	评分人 n
财务	财务管理	3	实施：行业竞争	建立了较完备的财务管理体系框架。流程和政策被定义，但尚未清晰化或一贯使用，组织架构大部分财务管理工作职责清晰，与业务有所联系和互动，内部就绩效标准达成一致。主动依赖历史数据或 ERP 的核心系统，尚不能实现跨业务战略规划的建模和整合		
		2	发展：具备基本的能力	缺失或未标准化的财务政策和流程，庞杂各异且对业务支持有限的技术手段工具，非正式的绩效评估定义，缺乏清晰的权责界定，缺少对业务支撑。财务管理水平与不断提高的管理要求之间的矛盾日趋尖锐。开始关注政策流程执行与内控系统的建设		
		1	注意：不成熟或无效	没有建立相应的政策、流程来支撑财务工作，只有简单的技术工具及雏形的财务组织。存在初级的记录和报告职能，财务工作处于粗放管理状态，很大程度上不能满足目前业务需要和管理要求，财务管理处于日常应付和"救火"状态		
风险管理	风险控制	5	主导：跨行业领先实践	从领导层开始自上而下地致力于风险管理，高层管理人员在决策中采用风险信息，管理和奖赏前置的风险管理。基于风险的组织流程，定期的流程评估与精练，例行的风险度量被用于改善的持续反馈，关键的供应商和客户参与到风险管理流程。所有员工拥有运用基本的风险技能的风险意识和能力。风险思想适用于所有活动，具有基于风险的报告和决策。拥有专门配置的组织资源		

162

附件 战略执行能力成熟度评价表 ◎

续表

一级评估要素	二级评估要素	等级	标准	评分人 1	评分人 n
风险管理	风险控制	4 优化：行业领先实践	从领导层开始，自上而下地致力于风险管理，高层管理人员在决策中采用风险信息。基于风险的组织流程，定期的流程评估与精练，例行的风险度量被用于改善的持续反馈，关键的供应商和客户参与到风险管理流程。核心员工拥有运用基本的风险技能的风险意识和能力。风险思想适用于大部分活动，具有基于风险的报告和决策。拥有专门配置的组织资源		
		3 实施：行业竞争	拥有兼职的风险管理组织或个人。风险管理成为所有组织流程的一部分；风险管理在大部分或所有业务中实行；规范化一般风险流程；提供基本的风险管理培训		
		2 发展：具备基本的能力	尝试通过少数的个体来实施风险管理；没有在适当指出构建方法体系；意识到管理风险的潜在收益，但未有效地实行		
		1 注意：不成熟或无效	未认识到风险管理的需求；未构建处理风险的方法；重复和反应性的管理流程；很少甚至从不试图从过去的项目中汲取知识，或者为未来的项目做准备		
投融资管理	融资管理	5 主导：跨行业领先实践	拥有上市公司治理结构，拥有集团产业链发展策略，充分利用各种融资渠道，为企业进行产业发展提供充足的资金支持，实现企业跨越式发展		
		4 优化：行业领先实践	拥有上市公司及股权治理结构，能够利用各种融资渠道，为企业进行产业发展提供资金支持，满足企业发展所需资金需求		
		3 实施：行业竞争	拥有规范的融资管理体系，能够主导并利用投资、银行、基金等方式进行融资		

◎ **战略**：战略管理方法论与实践 2.0

续表

一级评估要素	二级评估要素	等级		标准	评分人 1	评分人 n
投融资管理	融资管理	2	发展：具备基本的能力	缺少规范的融资管理制度，能够利用银行、基金等基本方式进行融资		
		1	注意：不成熟或无效	缺少规范的融资管理制度，公司融资过程仅存在于私人借款		
	并购管理	5	主导：跨行业领先实践	有明确的并购战略，并购的实施以满足战略发展为主要目的，并购后能够发挥协同效应、提高管理效率、获得规模效益，或达到进入新行业新市场的目的。公司具有实施并购的团队，并有完整的并购决策体系和管理体系，有效地对被并购的企业实施管理，并能够达到并购所预期的战略发展目标。公司曾实施过多次的并购行为		
		4	优化：行业领先实践	有明确的并购战略，并购的实施以满足战略发展为主要目的，并购后能够发挥协同效应、提高管理效率、获得规模效益，或达到进入新行业新市场的目的。公司具有实施并购的团队，并有完整的并购决策体系和管理体系，有效地对被并购的企业实施管理。公司曾实施过少量的并购行为		
		3	实施：行业竞争	有明确的并购战略，并购的实施以满足战略发展为主要目的，并购后能够发挥协同效应、提高管理效率、获得规模效益，或达到进入新行业新市场的目的。公司具有实施并购的团队，建有并购决策体系和管理体系，能够对被并购的企业实施管理。公司的关联公司曾进行并购操作		
		2	发展：具备基本的能力	有明确的并购战略，并购的实施以满足战略发展为主要目的。公司具有实施并购经验的团队或个人，建有并购决策体系和管理体系		
		1	注意：不成熟或无效	公司没有明确的并购战略，并购实施不以满足战略发展为主要目的，公司没有实施并购经验的人员		

附件 战略执行能力成熟度评价表 ◎

续表

一级评估要素	二级评估要素	等级	标准	评分人1	评分人n
流程与IT	流程设计	5	主导：跨行业领先实践	公司具有有效运作的流程管理组织，流程的管理、设计、培训工作有效开展，流程编写技术完善，流程目的目标明确，能与IT技术相结合，流程基本覆盖企业主要业务及例外事件。关键绩效考核指标与流程有效性能够相结合。流程能够超越企业界限，延伸至上游供应商和下游客户		
		4	优化：行业领先实践	公司具有有效运作的流程管理组织，流程的管理、设计、培训工作有效开展，流程编写技术完善，流程目的目标明确，能够与IT技术相结合，流程基本覆盖企业主要业务及例外事件。关键绩效考核指标与流程有效性能够相结合。流程能够将企业内部流程进行整合设计，打破部门界限实现最优绩效		
		3	实施：行业竞争	公司具有能够运作的流程管理组织，流程的管理、设计、培训工作有效开展，流程编写技术完善，流程目的目标明确，能够与IT技术相结合，流程基本覆盖企业主要业务。关键绩效考核指标与流程有效性能够相结合。能够对企业主要业务流程进行一体化设计		
		2	发展：具备基本的能力	公司具有流程管理人员，有流程编写技术，流程基本覆盖企业基本业务		
		1	注意：不成熟或无效	公司缺乏流程建设概念，缺少基本业务流程		

◎ **战略**：战略管理方法论与实践2.0

续表

一级评估要素	二级评估要素	等级	标准	评分人1	评分人n
流程与IT	流程优化	5	主导：跨行业领先实践	公司具有流程监督组织，流程维护、执行、监督机制健全。流程负责人明确具体，具有完整有效的流程效率收集分析体系，能够按期并及时地进行流程梳理并优化。流程优化能够延伸至上游供应商和下游客户，协调外部组织及合作者进行流程对接		
		4	优化：行业领先实践	公司具有流程监督组织，流程维护、执行、监督机制健全。流程负责人明确具体，具有完整有效的流程效率收集分析体系，能够按期并及时地进行流程梳理并优化。流程能够将企业内部流程进行整合优化，打破部门界限实现最优绩效		
		3	实施：行业竞争	公司具有流程监督组织，流程维护、执行、监督机制健全。流程负责人明确具体，能够按期并及时地进行流程梳理并优化。流程能够将企业内部流程进行整合优化，打破部门界限实现最优绩效		
		2	发展：具备基本的能力	公司具有流程维护、执行、监督机制。能够按期进行流程梳理并优化		
		1	注意：不成熟或无效	公司缺乏流程建设概念，缺少基本业务流程的梳理和优化		
	IT服务	5	主导：跨行业领先实践	IT作为战略业务合作伙伴；IT和业务绩效评价相关联；IT/业务合作改进业务流程；实施管理底层基础架构；有业务规划的能力		
		4	优化：行业领先实践	IT作为服务提供者；定义了服务，并对服务分类和定价；有服务成本意识；对SLAs做出承诺；测量和报告服务的可用性；流程整合的；有流程管理能力		

附件 战略执行能力成熟度评价表

续表

一级评估要素	二级评估要素	等级	标准	评分人1	评分人n
流程与IT	IT服务	3	实施：行业竞争	能分析业务和IT的趋势；设定了管理阈值；能测量应用的可用性；服务自动化触发；有成熟的问题、配置、变革、资产和绩效管理流程		
		2	发展：具备基本的能力	救火式的；清单式记录处理；分发、安装和维护桌面软件；启动问题管理流程；具有警报和事故管理；能测部件可用性		
		1	注意：不成熟或无效	非正式的；无正式文件；事故不可预测的；多个帮助台；最小范围和投资的IT		
人力资源管理	授权管理	5	主导：跨行业领先实践	公司授权体系完备，授权充分，能够保持权责对等。授权充分考虑了风险与效率的平衡。业务流程完整清晰，授权体系基于业务流程进行，授权过程自董事会、管理层至员工层逐级授权，授权结果经审批并授权双方签字确认。有完备的授权手册并对每项授权有工作标准及情况描述		
		4	优化：行业领先实践	公司授权体系完整，授权充分，能够保持权责对等。授权充分考虑了风险与效率的平衡。业务流程完整清晰，授权体系基于业务流程进行，授权过程自董事会、管理层至员工层逐级授权，授权结果经审批并授权双方签字确认		
		3	实施：行业竞争	公司授权体系部分完整，授权充分欠缺，能够保持权责对等。授权考虑了风险与效率的平衡。业务流程部分完整清晰，授权体系部分基于业务流程进行，授权过程自董事会、管理层至员工层逐级授权，授权结果经审批并授权双方签字确认		

◎ **战略**：战略管理方法论与实践2.0

续表

一级评估要素	二级评估要素	等级	标准	评分人1	评分人n
人力资源管理	授权管理	2	发展：具备基本的能力	公司授权体系初设，授权充分欠缺，不能保持权责对等。授权基本考虑了风险与效率的平衡。业务流程未完整清晰，授权体系未基于业务流程进行，授权过程自董事会、管理层至员工层逐级授权		
		1	注意：不成熟或无效	公司授权体系未建设或仅采取口头授权，无正式文件及执行标准		
	核心人才管理	5	主导：跨行业领先实践	公司有完备的核心人才管理体系。建有有效的识别核心人才体系、核心人员资源池，建有完善的培训、轮岗、专项任务等核心人才培育体系，建有并使用核心人才职业晋升通道、与职业晋升通道相配套的薪酬绩效体系。公司现有核心人才代表行业标杆、具有一定数量的行业领军人物或行业专家、能够制定并推广行业标准		
		4	优化：行业领先实践	公司有完备的核心人才管理体系，建有有效的识别核心人才体系、核心人员资源池，建有完善的培训、轮岗、专项任务等核心人才培育体系，建有并使用核心人才职业晋升通道、与职业晋升通道相配套的薪酬绩效体系。公司现有核心人才具有少量的行业专家、能够制定并推广行业标准		
		3	实施：行业竞争	公司有核心人才管理体系，建有识别核心人才体系、核心人员资源池，建有培训、轮岗、专项任务等核心人才培育体系，建有并使用核心人才职业晋升通道、与职业晋升通道相配套的薪酬绩效体系。公司现有核心人才处于行业领先地位		

附件　战略执行能力成熟度评价表 ◎

续表

一级评估要素	二级评估要素	等级	标准	评分人1	评分人n
人力资源管理	核心人才管理	2	发展：具备基本的能力	公司缺乏核心人才管理体系，缺乏核心人才职业晋升通道、缺乏与职业晋升通道相配套的薪酬绩效体系。公司现有核心人才稳定，并能够满足企业发展需要		
		1	注意：不成熟或无效	公司缺乏核心人才管理体系，缺乏核心人才职业晋升通道、缺乏与职业晋升通道相配套的薪酬绩效体系。公司现有核心人才大量流失		
	人力资源基础管理	5	主导：跨行业领先实践	公司具有与战略相匹配的人力资源规划，绩效体系有效支持战略发展需要。具有有效的符合集团、分子公司的一体化人力资源管理体系，人力资源工作深度掌握业务需求。公司具有有效的管理者继任计划、人力资源培训培养体系。具有完善的职业晋升通道，员工关系管理体系。薪酬水平处于行业领先地位		
		4	优化：行业领先实践	公司具有与战略相匹配的人力资源规划，绩效体系能够支持战略发展需要。具有符合集团、分子公司的一体化人力资源管理体系。公司具有人力资源培训培养体系。具有职业晋升通道，员工关系管理体系。薪酬水平处于行业领先地位		
		3	实施：行业竞争	公司具有人力资源规划。公司具有人力资源培训培养体系。具有职业晋升通道，员工关系管理体系。薪酬水平具有竞争力		
		2	发展：具备基本的能力	公司具有人力资源规划、人力资源培训培养体系、薪酬管理体系、招聘体系、职业晋升通道		
		1	注意：不成熟或无效	公司缺乏人力资源管理体系或仅提供人事管理